自分でも気づかなかった
美しい声になる
歌がうまくなる
奇跡の3ステップ method

カバーデザイン　渡邊民人（TYPEFACE）
本　文デザイン　清水真理子（TYPEFACE）
構　成　鈴木博子
イラスト　平松慶

まえがき

この本をお手に取って頂き、ありがとうございます。

ボイストレーナーの山森隼人です。

私はDuelJewelというバンドのボーカルも担当させてもらっています。

17歳の時に結成したバンドで、約20年間活動させて頂いたので自分の人生そのものといっても良いくらい大きな存在でしたが、２０１６年に解散させてしまいました。

その原因となったのが、私が発症した機能性発声《きのうせいはっせい》障害《しょうがい》という声の病気でした。

会話をする分にはさほど支障はないのですが、歌おうとすると声が裏返ったり、喉がつまる感じがしたりして、コントロールが利かなくなりました。

４年以上向き合ってあらゆる手をつくしましたが、有効な治療法を見つけることはできませんでした。

治療することが難しく、また、満足のいく作品も作れなくなってしまったため、歌をやめざるを得なかったのです。

しかし、ひょんなきっかけで、解散から約1年後、私は本来の歌声を取り戻すことができました。

それは、機能性発声障害を発症して以来、ずっと夢見ていた奇跡でした。

その、ひょんなきっかけのお陰で、今では発症以前より、もっと自由に歌が歌えるようになり、２０１９年３月にはお台場のZepp Tokyoで、DuelJewelの復活ライブも行うことができました。

解散から3年半。発症から数えたら約8年ぶりに、ベストな喉の状態で全国ツアーを行いながら、今、日本各地の滞在先でこの本を執筆しています。

ひょんなきっかけ。それがDuelJewel隼人としてだけでなく、ボイストレーナーとしての新たなスタートをきる大本となりました。

自分の経験を活かし、私は２０１８年に「Reボーカルコーチング」というプロジェクトを始動。現在では、多くのアーティストや声優、俳優の方などをサポートさせて頂いています。

基本的に、クライアントの方のお名前は公表しないことにしているのですが、なかには誰もが知っている有名歌手の方もいらっしゃいます。そして私と同じ、機能性発声障害で活動を休止していた歌手の方もいらっしゃいます。

それは、flumpoolのボーカル山村隆太さん。知人の紹介により出会い、活動再開のためのボイストレーニングを担当させて頂きました。

山村さんも見事復活されて現在、全国ツアーの真っ只中です。

私に起こった奇跡が、さらに広がっていきました。

私はこれまで、ボイストレーナーとしての活動を公表していなかったのですが、flumpool復活の知らせが世の中に広がると、たちまち、私の「Reボーカルコーチング」も世間に知られるようになりました。その反響は、驚くべきものでした。

今、振り返ると、私が歌声を取りもどしたひょんな出来事が起こって以降、奇跡的な出来事が連続して起こりました。

しかし、奇跡を奇跡で終わらせることなく、歌手や声優、俳優の方々に限らず、多くの方のお役に立ちたいと思い、この本を出版させて頂くことになりました。

「歌をうまく歌えるようになりたい！」

そう思っている人は、とても多いと思います。

「自己流で練習しても、ちっともうまくならない」

「そこそこ上手に歌えるけれど、高音など、一部の音が取りにくい」

そんな悩みを抱えている人も、多いと思います。

そうした方たちの悩みを解消するためにも、私が発声障害を克服する過程で、多くの専門家のご協力を頂きながら編み出したボイストレーニングの手法は、とても効果的です。

本書では、そのエッセンスをご紹介します。


さて、本格的に発声法をお伝えする前に、たった1秒で、歌が上手になる方法を試してみませんか？　とても単純で、簡単です。

鼻の下に人差し指を横に置き、つむじへ向けて、指を少し持ち上げて下さい。

この状態で声を出してみると……。

不思議なことに、抜けがあり、豊かな響きをもった声になっていると思います。

これは頭の骨のバランス、そして姿勢を矯正した結果です。

私たちは歌や話し声を良くしようとすると、どうしても、その〝音〟に注目しがちです。

「あっ、音程をはずしてしまった！」

「今日の声はかすれて嫌な感じだなぁ」

そうやって自分の声を耳で聞いて、コントロールしようとします。

しかし、そもそも〝音〟とは自分の体が作り出した〝結果〟であって、それをコントロールしようとしてもうまくいきません。どんなことが起こって、今、この声になったのか、その原因に着目する必要があるのです。

そのためには、先ほど鼻の下に指を置いたように、体そのものを味方にすると良いでしょう。


そして、ここでもう一つ簡単に声が出しやすく、そして体のポテンシャルも上げることができる方法をお伝えします。

それは「うがい」です。

まずは今のビフォアーの状態で声を出したり、近くにある椅子や荷物などでもいいので、やや重いと感じるものを持ってみたりして、感覚を覚えておいて下さい。

それから「うがい」をします。

水を少し多めに口に含んだら、舌を前後に動かして15秒ほどうがいを続けて下さい。この時、強く、早く、前後に水流を起こすようなイメージで行って下さい。アゴを引きながら目線を上にするとなお良いです。首やアゴのあたりに疲れが出てきたら良い感じです。

15秒経《た》ったら吐いたり飲んでしまったりして大丈夫です。

首回りの疲れが抜けたら、まず先ほどと同じものを持ち上げてみて下さい。

さっきよりも軽々と持ち上げられたと思います。いろいろなもので試してみると良いでしょう。

それから先ほどと同じように声も出してみましょう。

喉に力みなく、芯のある良い声が出ていませんか？

これは舌と首、目線の調整が「うがい」で行われたから。

よく「ボーカリストは体が楽器」と言いますが、私たちは自分の体を良く理解しているといえるでしょうか？

ギタリストやヴァイオリニストは自分の楽器について、良く知っています。当然、自分である程度のメンテナンスや調整ができます。

しかし歌や話し声はどうでしょう。

誰でも歌ったり、話したりできる分、発声の原理や仕組みを理解している方は少ないと思います。実は、年間100本近くのライブをして頻繁にCDのリリースを行っていた、かつての私もそうでした。

声を生業《なりわい》にするプロならまだしも、一般の方々なら、詳しく熱心に究明する必要はありません。

でも、もっと歌が上達するために、知っておいた方がいいことや、身につけておいた方がいいと思うことを、誰でも簡単に始められる内容で、わかりやすく本書にまとめました。

難易度の違いはありますが、私が普段、プロの歌手や声優相手に指導していることと、ベースはまったく一緒です。

プロが取り入れている歌唱力アップのエッセンスを、ぜひ皆さんの生活でも役立ててみてください。

もちろん、歌だけでなく、営業トークやプレゼンなどのビジネスシーンでも、この本の内容は使えるでしょう。

歌うことや、気持ちの良い声で話すことの喜びに、この本がお役に立てれば最高です。

もくじ

第1章 ある朝、僕の喉は声を失った

第2章 なぜ、機能性発声障害を克服できたか

第3章 間違いだらけの発声方法

第4章 3ステップで奇跡的に声がよくなる！

第5章

腹圧をマスターする

第6章 息をコントロールする

第7章
「もっと上手に歌いたい！」という人のためのQ＆A

第1章

ある朝、僕の喉は声を失った

「もう二度とステージには立てない」と思った

２０１６年2月23日。私たちDuelJewelは東京・お台場のZepp Tokyoで行われたライブで解散しました。

それまでの約半年間、私たちは『DuelJewel 47都道府県TOUR Meet You』と名付けたツアーを行い、すべての都道府県をまわってきました。

そのラストが、Zepp Tokyo。2千人を超えるファンの方が会場へ駆けつけてくれて、ネットでの生中継では4万人を超える視聴者の方々が私たちの最後を見送ってくれました。

ずっと心配していた私の喉は、最後のワンフレーズまでかれることなく、声を出し続けてくれました。いや、正確に言えば、私は、喉をからすことすらできなかった。それくらい、私の喉は疲労し、すっかり壊れていたのです。

私はその時、機能性発声障害を発症していました。

機能性発声障害とは、喉に明らかな障害がないにもかかわらず、声がかすれたり、裏返ったりして、正常に出なくなってしまう病気です。

私は２０１１年に機能性発声障害を発症。２０１２年7月からボーカルである私はバンド活動を休止せざるを得ませんでしたが、私以外のメンバー4人がDuelJewelの活動を継続してくれたおかげで治療に専念することができました。その後、少しずつ喉の調子がよくなり、歌えるようになってきたので、2013年7月の日本青年館でのライブを機にバンド活動を再開することができました。

しかし、それは完治というわけではなく、ただ症状が幾分改善しただけであり、再び毎日歌い続ける生活に戻ったら、あっという間に喉の調子が落ちていってしまったのです。

そして、2015年2月1日。

私たちは東京の、渋谷公会堂でライブを行いました。その時、私は密かにあることを決めていました。

「ここで満足のいく歌を歌えなかったら、幕を引こう」

幕を引く、すなわち、歌手を引退するということ。

こんな不完全な喉の状態で歌い続けては、だめだ。ファンの方にも、バンドのメンバーにも、申し訳ない。

みんなに迷惑をかけてまで、歌にしがみついてはいけない。自分の幕は、自分で引かなければ――。私の胸には、そんな思いがありました。

そして、当日。ライブ全体の出来栄えとしては、満足いく部分もありましたが、それでも私の歌に限ってみれば、到底、満足とは言えないものでした。

私にとっての全盛期を１００としたら、その日の歌は、一桁にも満たないくらいの点数でした。

もうこれ以上、ごまかし続けることはできない。

そう思い、私はバンドを脱退し、ボーカリストを辞めることを決めました。

その決意をメンバーに話したのは、仙台のホテルでした。

当時、私たちは渋谷公会堂でのライブに続いて、全国各地を巡るツアーの真っ最中でした。私はメンバー全員に自分の部屋へ来てもらい、「これ以上、私の喉はよくならないと思うし、満足に歌うこともできない。申し訳ないが、バンドから脱退したい」と話しました。

私は辞めるけれど、バンド自体はそのまま活動を続けてほしい。そう思っていたのです。

しかしメンバーは「隼人以外、DuelJewelのボーカルは考えられない。隼人が辞めるなら、バンドを解散しよう」と言いました。

それはだめだ、ここまで築きあげたものが無駄になってしまうと私は思いましたが、誰も、バンド活動を続けることに納得しませんでした。

その結果、DuelJewelの解散が決定。

解散の日付は、これまで応援してくれた日本全国のファンへお礼を告げる全国ツアーの最終日。場所は、お台場のZepp Tokyoと決まりました。

そして、２０１６年2月23日のZepp Tokyoでは、大勢のファンが集まってくださり、私たちは最後の演奏を行いました。

歌いながら、私の胸には、「もうこのステージに戻ってくることはないだろうな」という思いがありました。メンバーのみんなは、「また、隼人の喉がよくなったら、やりたいね」と言ってくれましたし、ステージ上でも、「また会いましょう」とファンの皆さんに声をかけていましたが、正直言えば、「そんな機会はもう、二度と訪れないだろう」と思っていました。

それくらい私の喉は、ボーカリストとしては致命的な状態で、本来ならステージ上で歌うどころか、満足に会話もできないくらい、ひどかったのです。

突然、声を失った朝のこと

今でこそ、発声障害であることを公表する歌手の方は少しずつ増えてきました。しかし、私が最初にそれを発症した2011年頃は、その病名自体、あまり知名度が高くありませんでした。

私もなぜ、徐々に声が出なくなっていくのか、まったくわかっていませんでした。ただ、ものすごく大きな不安を抱えながら、なすすべもなく、日に日に壊れていく喉をどうすることもできずにいました。

私の発声障害は、ある日、突然始まりました。

DuelJewelにとって5枚目のフルアルバムとなる『Luminous』を制作中だった2011年9月、演奏を録音する日の出来事です。私は、簡単なレコーディング設備を備えた自宅のスタジオで、本番に備えて、歌を録音しようとしました。

いつものようにマイクの前に立ち、伴奏を聞きながら、歌い出しを待ちました。すると、まったく声が出なかったのです。

声に力が入りません。頑張って声を出そうとしても、裏声になったり、かすれ声になったりしてしまいます。

これは大変なことになったと、全身から血の気が引いていきました。

感覚的に、この症状はそう簡単には治らないだろうと思いました。薬を飲んだり、外科的な治療を行ったりしても、すぐに治すことはできないだろう。それくらい、重症であることが直感的に理解できたのです。

それまで、まったく予兆はありませんでした。『Luminous』のレコーディングも順調に進んでいましたし、このままいけば、いいアルバムになるだろうと、メンバーの誰もが思っていました。

しかし、その朝突然、私の喉は声を発しなくなりました。でも、山梨にあるレコーディングスタジオでは、今日からいつものように泊りがけで録音を行う予定になっています。ボーカルである私が行かなければ、レコーディングは進みません。

すぐ、お世話になっていた先輩ボーカリストの方に連絡し、喉に詳しい医師を紹介してもらえるよう、頼みました。そして当時、国際医療福祉大学三田病院のドクターであり、現在は東京・赤坂にあり、声の診療に特化した「声のクリニック赤坂 こまざわ耳鼻咽喉科」で院長を務める駒澤大吾先生につないでいただきました。

取り急ぎ、メンバーには「喉の調子がよくないので、病院で診てもらってから山梨へ行く」と告げ、私は駒澤先生を訪ねました。そして一通り診察を受けたあと、先生は私にこうおっしゃいました。

「機能性発声障害ですね。投薬や外科的治療は、ほとんど効果を期待できないでしょう」

「長い目で見て、改善していく方法を見つけましょう」

治療法がない。いつ治るかもわからない。

バンドのボーカルである私にとって、この先生の言葉は事実上、死刑宣告にも近いものでした。

駒澤先生のクリニックでの診療を終えて、私はひとまず、先に山梨へ到着していたメンバーに連絡をしました。そして、自分が機能性発声障害になったことを告げました。

もちろん、メンバーは誰もその病名を知りません。私が病状を告げても、あまりピンとこないようでした。

いつも通りの感覚で歌おうとすると、声がかすれたり、裏返ったりするのですが、普通に話している限りでは、その時はまだ、普段とほとんど変化がなかったからです。

「この先はどうなるかわからないけれど、とりあえず今日はゆっくり休んで、明日、山梨に来ればいいよ」

メンバーはそう言い、私は翌日合流しました。必死に声を張り上げて歌い、何度も何度もテイクを重ね、なんとかアルバムの収録を終えました。

歌いながら、私はとにかく嫌な予感を打ち消すことに必死でした。

このまま完全に声が出なくなったらどうしよう。そんな思いがたえず心によぎりましたが、今はただ、アルバムを完成することだけに打ち込みました。

発声の迷いが病気を生んだ

『Luminous』の収録を終えてから、私は必死に「発声障害」について情報を集めました。

「こんな治療が効いた」という情報を仕入れれば、日本全国、どこのクリニックでも出かけていき、実際に試してみました。

「この先生は喉の名医だ」と聞けば、すぐにアポイントをとって診察を受けました。

しかし、私の喉は一向によくなりませんでした。それどころか、日常生活でも支障をきたすくらい、どんどん悪化していったのです。

まず、母音と子音のバランスが崩れるようになりました。子音が先に発音され、母音があとからついてくるというように、言葉をはっきり発音できなくなりました。

それから、特定の言葉が言いづらくなりました。たとえば、「99」という数字が言えなくなりました。他の数字は話すことができても、なぜか「99」という言葉が出てくると、上手に発音できなくなるのです。

なぜ、他の言葉はいいのに、この言葉だけがダメなんだろうと考えても、その理由はわかりませんでした。

そして、お店に入って店員さんを呼ぶ時に「すみません！」と声を張り上げようとしても、声がすっぽ抜けて、スカスカの声しか出なくなってしまいました。

発声障害を発症した人の体験談を集めてみると、声が出なくなる前から喉の異変を感じた人もいるようです。また、それまで喉の調子は絶好調だったのに、風邪をひき、それが完治しないまま喉を酷使し続けて、発声障害を発症したという人もいました。

発声障害を引き起こした原因もさまざまで、いくつかのことが複雑に絡み合っており、一定ではないことも、治療を困難にしている理由のようでした。

自分自身について振り返ってみれば、私が発声障害になった理由の一つには、間違いなく、過度な練習がありました。

当時、私たちは年間100本くらいライブをこなしていましたし、ライブの前には当然、リハーサルも練習もあります。毎日5時間以上、全力で歌い続ける生活でした。

夜間などは、滞在先のホテルでスポンジが入ったラバーカップをミュート代わりに口にはめて、歌うこともありました。それだけ喉を酷使していれば、壊れるのも時間の問題だったのかもしれません。

しかし、それ以上に私が喉を壊す原因となったのは、当時、私が発声の方法自体に迷いを抱えていたことです。

これまでも、私はなかなか思うように歌えないフレーズがある時や、ライブでステージに立っていて歌に不安定さを感じる時など、歌い方を調整したり、変えてみたりすることがありました。信頼できるボイストレーナーの方を訪ね、アドバイスを頂くこともありました。

歌はとても微妙なもので、歌っている時の姿勢や息の吸い方、お腹や喉への圧力のかけ方など、ほんの少し変えるだけで、歌も同じく変化します。

思うように高音を響かせられない時や、歌声に迫力が足りないと感じる時などは、たえず、発声の仕方を変えるということを繰り返していました。

私が発声障害を発症したのも、まさにそんなタイミングでした。

歌は、「喉から声を出し、音程にのせる」という、単純で原始的な行為です。しかし、そのメソッドや考え方には人それぞれの理論やセオリーがあって、まさに、100人のボイストレーナーがいれば、100通りの考え方があるといっても過言ではありません。

私はこれまで20年以上歌い続けるなかで、〝壁〟にぶつかるたび、歌い方を見直してきました。

劇的な変化が生まれることはほとんどありませんでしたが、歌い方を変えれば作品としての音楽に違いが出ることも多く、私はそうしたプロセスを経て、歌手としてたえず進化していきたいと思っていました。

『Luminous』を制作していた時も、まさにそうしたプロセスの真っ最中でした。

これまでの歌い方を少し変え、新しい歌い方が少しずつ馴染《なじ》んできました。ようやく手応えが感じられるようになり、「今回の作品は新境地だな」と自分でも満足を覚えていた頃、私の喉は突然、悲鳴をあげたのです。

私は、歌手としてたえず進化し続けているつもりでした。

でも実際は、自分が進むべきベクトルを見失い、深い森をグルグルとさまよっていたに過ぎなかったのです。

さまざまな手法を試し、自分なりにアレンジし続けるうち、喉に大きな負担をかけていたのでしょう。ある日突然、それは声を発しなくなりました。

バンド結成

DuelJewelを結成したのは、1997年。私が17歳の時でした。

私は中学生の時から、将来はバンドを組んで音楽をやりたいという意思を固めていたので、高校へは行かず、アルバイトをしていました。

寿司屋などの飲食店で働きながら、いつもバンドのメンバーを探していました。

当時はまだ、インターネットが普及する前でしたから、バンドのメンバーを探すのにもっぱら役立ったのは、『バンドやろうぜ』や『GiGS』という音楽雑誌でした。誌面にはたいてい「メンバー募集」のコーナーがあって、そこに「ギター募集」などの情報が掲載されていたのです。

私は毎号欠かさずチェックして、「ボーカル募集」という記事を見つけるたび、気になったところに連絡をとってみました。およそ、100人以上の方と実際に会ってみたと思います。初対面ですから、いわば、音楽を介したお見合いのような感じです。でも、ピンとくるところには出会えずにいました。

そんななか、ある日、私は「ボーカルを探しています」という書き込みを見つけました。そのバンドは私と同年齢の男性で構成されていて、私はなんとなく興味が湧き、早速、そこに書かれていた住所に手紙を出してみました。

そして返事が来て、実際にそのバンドのギタリストに会ってみることになりました。

待ち合わせの場所は、ＪＲ高円寺駅の改札。改札の外で待ち合わせをしていたのですが、私は少し早めに到着して、相手がやってくるのを待ちました。

同じくらいの年齢の男性が階段を降りてくるたび、ドキドキしました。あいつかな、いや、違った。そんなことの繰り返しでした。

そんななかのことです。ある瞬間、私は、「あっ、あいつかも」とひらめきました。

「あいつだったらいいな」

なぜか、直感的にそう思ったのです。その通り、彼はその後、一緒にバンドを組むことになったギターのShunでした。あとで聞いてみると、Shunも改札の外で立っている私を見て「あいつだったらいいな」と思ってくれたそうです。

まさにテレパシーというか、運命的な出会いでした。

その日のうちに、私とShunは意気投合。その場でShunは他のメンバーにも電話をかけてくれ、私はバンドに参加することが決まりました。

一躍、アルバイト生活からプロのミュージシャンに！

「いつかは大勢のファンの前で演奏したい」という思いで、私たちは活動を続けました。

まもなく、町の小さなライブハウスで演奏させてもらえるようになり、私たちは毎日、アルバイトとライブに明け暮れました。

その合間を縫うように、週に2日間くらい、スタジオを借りて練習に励みました。夜、アルバイトが終わった頃、みんなでスタジオに集まって、朝まで練習を続けるのです。

まさに、私たちの青春時代でした。

最初のライブは、わずか数人のお客さんしか集まらず、しかも、そのほとんどが身内や知り合いという程度でしたが、２００６年、『VISIONS』というミニアルバムを出したことがきっかけで、私たちのバンドはプロへ向けて、大きく舵を切りました。

そのアルバムに収録した『華唄』が、あるテレビ番組で、テーマ曲として採用されたのです。

割と早くから音楽事務所には所属していましたが、もちろん給料でやりくりできるはずもなく、私たちの収入源はもっぱらアルバイトの賃金でした。

しかしこの頃から、「事務所からの給料だけでもなんとかやっていけるんじゃないか」という自信も芽生え、私たちは本格的にプロへの道を歩み始めることになったのです。

模索し続けた発声法

私は高校へ進学しなかった代わりに、音楽の専門学校へ入学しました。それと並行して、自分でボイストレーニングの先生を探して、歌の指導を受けていました。

私が入った専門学校はとても小規模なもので、学校として認可されていなかったため、「ギターを一度も弾いたことがないけれど、とりあえず、ギター科に入学してみました」というような、まったくの未経験者もたくさんいました。

途中で退学してしまう人もとても多く、入学当時は教室に生徒が収まりきらないくらいだったのに、翌日には半分に減り、三日目にはさらに半分に減る、というように、どんどん新入生は消えていってしまいました。

私はボーカル科に入学したのですが、歌の授業は週1回しかありませんでした。これはもったいない、もっと歌の練習をしたいと思ったので、歌の授業を担当している先生に、「個別にレッスンしてください」と頼みました。

その先生は元歌手で、当時は東京の杉並区にご自分のボーカルスクールを経営していたので、私はそちらに通うことに決めました。

私はそこで、発声に関する基礎的なことをまさにゼロから学びました。声の出し方から口の開け方、表現力の付け方まで、あらゆるテクニックを教わりました。結局、その先生には20歳までお世話になり、私にとって、歌の原点ともいうべき存在かもしれません。

決して、私はその先生から教わったことを否定するつもりはありません。

さっきお話ししたように、１００人のボイストレーナーがいれば、１００通りの考え方があるのです。食べ物の好みや、似合う洋服が人によってまったく異なるように、その人に適した歌い方がありますし、それを探求するのは、歌手としての人生をあゆむことを決めた、私自身の課題です。

でも結論から言うと、私が16歳の時からずっと繰り返してきた歌唱法が、私の喉を苦しめました。そして本格的に歌を習い始めて15年が経った時、私から突然、声を奪う結果となりました。

今、私は機能性発声障害を完全に克服しています。

一般に完治は難しいと言われますが、私は以前と同じように、いえ、以前にも増して、歌うことを楽しみ、音楽と一緒に生活をしています。

克服するまでの間は、本当に辛《つら》く、「なんで、自分がこんな目に遭わなければならないのか」と自問自答の繰り返しでした。

目を覚ますと「もしかしたら治っているかもしれない！」と希望を持ちますが、すぐに声を出して「今日も治っていない」と絶望的な気持ちで一日を始めるのです。

そんななかでも私がずっと続けていたのは、「なぜ、この病気を発症したのだろう」という、原因の追究でした。とことんまでそれを追究した結果、私はこれまで20年近く、間違ったやり方で歌い続けてきたのだということに気づいたのです。そして、わずかな偶然から気づかされた、まったく新しい歌唱法にシフトした時、私の前に、再び音楽の扉が開かれたのです。

それは、奇跡だったかもしれません。

しかし歌手としての私の人生を振り返ると、声を失い、再び、手にするというのは、私がこれまで辿ってきた道筋から考えれば必然の出来事であり、さらなる未来へ続くプロセスの一つだと思うのです。

第2章

なぜ、機能性発声障害を克服できたか

誰でも発症のリスクがある「発声障害」

声がかすれたり、裏返ったりすることは、誰もが経験していることだと思います。歌手や司会、ナレーターなど、声を仕事にしている人たちだけでなく、一般の方々でもそうした経験はあるでしょう。

大抵の場合は一時的なもので、声を使わずに少しおとなしくしていれば、よくなるケースがほとんどです。

でも、なかには声が出ない状態が長く続き、生活に支障をきたすという場合もあります。

声を思い通りに出せないということは、相当なストレスです。

ある日を境に、どれだけ頑張っても、声を出すことができなくなってしまったら？

大事なプレゼンのシーンなど、ここぞという時に限って声が裏返ったり、かすれたり、震えたりしたら？

それはとても大きな悩みになります。

こうしたことは、声を職業にする人たちだけに限ったことではありません。普通の、これまでは当たり前のように声を出していた人にも、起こりうることなのです。

意図せずに声がかすれたり、出なくなったり、その状態が続くことを、一般に「発声障害」といいます。

医学的に考えると発声障害にはいくつかの種類があり、一番わかりやすいのは、声帯ポリープや咽頭《いんとう》がんなど、体の器官が損傷を受けたために生じる異常。これは「器質性構音障害」と呼ばれ、咽頭ファイバー検査をして異常が見つかれば、器質性構音障害と診断されます。

しかしやっかいなのは、喉にはなんの異常も起きていないのに、発声障害が起きること。がんやポリープなどが見られないのに、声がひっくり返ったり、かれたりするのです。

これらはまとめて「発声障害」と呼ばれ、器質性構音障害と区別して扱われます。

私は２０１１年、発声障害の中でも歌手が発症することが多い「機能性発声障害」と診断されました。

実は、こうした機能性発声障害を患う歌手は意外と多くて、最近では２０１７年12月にflumpoolのボーカル、山村隆太さんも「歌唱《かしょう》時《じ》機能性発声障害《きのうせいはっせいしょうがい》」と診断されています。flumpoolのバンド活動が休止されたことをご存じの方も多いと思います。

のちに、私は山村さんと出会い、ボイストレーナーとして復帰へ向けたサポートをさせて頂くことになります。ここにも非常に貴重なドラマがたくさんありました。

歌うことが大好きで、歌を職業にしている人が、「歌えない」と公表することがどれだけ辛く、悲しいことか。歌手の方が「発声障害を発症した」というニュースを耳にするたび、私にもその経験があるだけに、とても胸がつまる思いがします。

皆さんは、「発声障害は、歌手など、声を仕事にする人に起こりやすい病気なんだな」と思うかもしれません。

しかし実際は、そんなことはないのです。

歌手のようにステージの上に立ち、全力で歌い続けることはないとしても、声を出し、話をするのは誰でも日常的に、当たり前のように行っていますよね。

この「声を出す」という作業で、間違った方法で声帯を使っていたり、不自然な方法で発声し続けたりすると、誰でも発声障害を起こす可能性があるのです。

現在、発声障害の特効薬はありません。しかも、症状が一時的なものでちゃんと完治する場合もあれば、何年にも及び永続的に声が出なくなってしまうこともあるのです。

こうした症状が自分の身に起きたら、どうでしょうか？

正しく発声することは、日常生活において、コミュニケーションの基本です。

自分の想いを他人に伝えたり、何気ない会話をしたり、そうしたことがすべて困難になってしまうのですから、当然、日常生活の質も大きく低下してしまいますよね。

会社にお勤めの人であっても、私みたいなボーカリストであっても、もちろんお年寄りでも、若い人でも、「声が思うように出なくなる」というのはとても怖いことなのです。

「声を出す」ことは、普通、誰も習わない

声の出し方や話し方は、誰も教えてくれません。

生まれてから成長していく過程で、人間は自然と声を出すことを覚え、話し方を身につけてきます。

でも考えてみたら、これは結構、怖いことだと思いませんか？

スポーツをする時には、私たちはまず、正しいフォームややり方を学びます。

野球のピッチャーが、自己流の誤ったフォームでピッチングを続けたら、やがて、肩を壊してしまうでしょう。そうした事故を防ぐために、ピッチャーは監督やコーチから正しいフォームを学び、自分の体を守りながら、ピッチングを続けます。

こうしたやり方は、野球だけに限りません。私は子どもの頃から武道を学んでいますが、

どんなスポーツや武道でも、必ずきちんとした正しいフォームがあり、それを身につけることが、上達の第一歩です。

スポーツに限らず、音楽でも同じです。

楽器を演奏する時には、私たちは先生からまず、楽器の構造を習います。どうやって息を吹き込み、あるいは、力をかけて、どこを響かせれば音が鳴るのか。

どうしたら、楽にきれいな音を響かせることができるのか。

そうしたことを一通り学び、基礎的なことを身につけてから、演奏の技術や表現力を磨いていきます。

しかし、声を出すことはどうでしょう。

私たちは通常、誰にも学びません。どのように声を出すか。体の中が、どうなっていて、どんな仕組みで声を出すのか。

どんな声を出すと聞き手にとって心地いいのか。どのように表現すれば気持ちがきちんと伝わるのか。

そうしたことを私たちは誰にも習わず、自己流で表現します。誰にも習わないまま、人前で歌ったり、スピーチしたり、論文を発表したり、プレゼンしたりしています。

日本人はなぜ、プレゼンが苦手か？

みなさんも耳にしたことがあると思いますが、世界的にみて、日本人は〝プレゼンがヘタ〟と言われます。

会社にお勤めの方のなかで、「会議でプレゼンをすることが苦手」「人前で話すときにはむやみにあがってしまう」という方も、多いんじゃないかなと思います。

一方、世界に目を向けてみると、アメリカ人は自己表現が上手と言われます。

アメリカ人の歌手には、時にはオーバーアクションじゃないかというほど、表現力の優れた人が大勢いますし、そういう人の歌には、聞き手を自分の世界へ引き込む力があります。

そして、プレゼンが上手な人の代表といえば、政治家です。日本人の政治家と比べても、アメリカ人の政治家は上手ですよね。

オバマ元大統領のスピーチを例にとっても、スピーチをしている時の姿勢や態度、話し方などは、聞き手に対して強いインパクトを与えていました。トランプ大統領もスピーチの内容には賛否ありますが、注目せざるを得ないような独特の表現力があります。

これはもちろん、日本人が奥ゆかしく、アメリカ人が積極的に自分の主張をするという国民性の違いもあるのでしょう。日本人は、感情をしまいこみやすく、人前で喜怒哀楽を表現することが苦手だとも言われています。どちらも文化の違いがあり、得意不得意もそれぞれにあります。

でも、日本人と対照的に、アメリカ人がプレゼンを得意としているのは、実は、「人前で声を出すこと」に幼い頃から慣れていて、効果的な発声の仕方やプレゼンの仕方を学ぶ機会が多いから、というのが大きな理由なのです。

アメリカの小学校で行われている授業のなかで、とてもポピュラーなものとして"Star of the week"（今週のスター）があります。

1週間を通して、ある特定の子どもが〝スター〟となり、自分のお気に入りの本を持っていって、みんなの前で読んだり、自分の宝物の話をしたり、クラスで行うゲームのリーダーになったり、毎日、なにかしら特別な使命を与えられるのです。

子どもたちにとっては、自分がそのクラスの中で特別な存在になれる1週間。こうしたアクティビティを通して、子どもたちは、「みんなに話を聞いてもらえる話し方」や「騒がしいクラスのなかでも、声を響かせる方法」などを学びます。

まさに、生きた授業が子どもの頃から行われているのです。

でも、日本ではこうした授業がほとんどありません。おとなしく先生の話を聞いて、みんなで声をそろえて教科書を朗読したり、一斉に歌ったり……。

声が大きな子どもも小さな子どもも、なんの違いも学ばず、みんな一様に声を出します。

私自身の子どもの頃を振り返ってみても、朗読の時間や音楽の時間で習ったことといえば、「口を大きく開けて、ハキハキと発音しなさい」ということくらいでした。

たぶん、多くの日本人が「そうそう」とうなずくのではないか、と思います。

国語の時間に教科書を読むときにも、口を大きく開けて一語一語、ハキハキと発音することを習いました。手の指をそろえ、縦にして口の中へ差し込むようにしながら、口を大きく開ける練習をした人も多いだろうと思います。

「口を大きく開けてハキハキと」は正しい？

「口を大きく開けて、ハキハキ話すのが正しい」と私は、ずっと信じていました。

それは子どもの頃だけでなく、音楽の専門学校に入ってからも同じでした。

私はアマチュア時代からずっとボイストレーニングを受けていて、先生からマンツーマンで発声法や呼吸、滑舌、発音、リズムなどを学んでいました。

子どもの頃と同じように、そこでも「口を大きく開けて」「ハキハキと発音して」と教わりましたし、私もその方が滑舌がよく、聞き手にはっきり言葉が伝わると信じて、できるだけ口を大きく開け、一語一語、はっきり発音するように努力しました。

もちろん、その教え方が１００％、間違っていたというのではありません。

ボイストレーニングの先生は、音楽業界で活躍する一流のミュージシャンでしたし、その方にはその方なりの信念やスタイルがあったのだろうと思います。

ただ、私にはそのスタイルが合わなかった。

事実は、それだけなのかもしれません。

しかし同様の指導を受けていて、それまで何の問題もなく歌えていた歌手が一気に故障してしまうケースが多いのもまた事実です。

そもそも、私の発声方法は間違ったところからスタートしていました。決定的な間違いは、喉の仕組みを正しく理解しないまま、ただ、思い込みとイメージだけで「いい声」を作り出そうとしていたことです。

ピッチャーがボールを投げるとき、振り上げる腕が不自然な方向に曲がっていたら、どれだけ変化球を覚えて球種を増やそうとも、あるいはコントロールの精度をあげたり、球速を増したりしても、いつかは必ず、肩を痛めてしまうでしょう。

それと同じことが、私の喉にも起こっていたのです。

正しい喉の使い方を知らないまま、頑張って声を出し、声のボリュームを上げ、表現力を身につけようとしたところで、私は歌手として本当の意味で力を磨きあげることはできませんでした。

それどころか知らない間に、喉に負担をかけ続けていたのです。

その結果、突然、私の喉は壊れました。そして、声が出なくなったのです。私は「機能性発声障害」と診断され、バンド活動を休止することになりました。

人生最悪のピンチをチャンスに

しかしポジティブに考えれば、このピンチは私にとって大きなチャンスにもなりました。

もちろん、そんなことが言えるのは、無事、私が発声障害を克服し、バンド活動を再開できたからこそ、かもしれません。

しかし、私は喉を壊し、声が出なくなったからこそ、正しい発声法のメソッドを確立し、以前よりもずっと楽に、快適に、納得のいくスタイルで、歌うことができるようになったのです。

もし、私が発声障害を起こしていなかったら、いまだに喉を痛めつけ、自分自身を苦しめるようなスタイルで歌を歌っていたでしょう。

もしかしたら、それはある日突然、私の喉から永遠に声を奪っていたかもしれません。

そう考えると、発声障害という苦しみは味わいましたが、そこから立ち直り、はいあがってきたプロセスで、私はかけがえのない大きなものをつかむことができたのです。

私は2011年のある日、突然声が出にくくなり、歌を満足に歌えなくなって、医師から「機能性発声障害」と診断されました。

その後、一時的に回復したものの、やはり障害を完全に完治させることはできず、2016年2月23日、東京のお台場にあるZepp Tokyoで行われた『DuelJewel 47都道府県TOUR Meet You』ツアーファイナルをもって解散しました。

都道府県をすべてまわる解散ツアーは、約半年の期間をかけて行われたのですが、声の調子はずっと今ひとつの状態でした。発症してすぐの頃は中音域が出にくかったのが、ライブを重ねるにつれて、裏返ったり出にくい音域が次第に上下へ広がっていったりしました。

自分でも、このまま声が完全に出なくなったらどうしようと心配でしたし、バンドのメンバーにも私の不安は伝わっていました。

このまま喉の状態が悪化したら、日常生活でもまったく声を出すことができなくなるかもしれない。だから、ライブも口パクにしたらいいんじゃないか――。

私の状態をみかねたメンバーが、そう、言ってくれたこともありました。

でも、私はどうしてもそれをやりたくなかった。どう頑張っても声が出ないところだけは、コンピューターから出力しているコーラスのチャンネルを大きく重ねてもらうことはありましたが、可能な限り、生の歌声をファンの方たちに届けたいと思いました。

私はステージに立って歌いながら、「もう、このステージに戻ってくることはできないだろうな。これが最後になるんだ」という思いを噛み締めていました。不思議と、「悲しい」とか「寂しい」とかいった感情はなく、ただ、「これが最後なんだ」という、ある種の冷静な感覚がありました。

演奏を終え、控え室に戻って、メンバーと、「またいつかこんなステージができたらいいね」と話をしましたが、心の奥には、「奇跡でも起きない限り、もう、この場に戻ってくることはできないだろう」と思っていました。

Zepp Tokyoでのコンサートを終えた次の日、私はわざわざ遠方から駆けつけてくれた親戚や家族と一緒に食事をしました。それは、これまでピンと張り詰めた糸の上で生きてきた私にとっては、まるで別次元のように、ゆっくり時間が流れた1日でした。発声障害を発症してから実に4年が経過していました。

私以外のメンバーは、他のバンドからオファーを頂いていたり、ライブにサポートに入ってほしいと依頼を受けたりしていたので、翌日からそれぞれの新たな日常が始まりました。

私は、もう音楽の世界には戻れないだろうという考えはありましたが、特に何をするというあてもなく、しばらくは愛犬と一緒に遊んだり、トレーニングジムに通ったりしながら、これからの人生を考えようと思っていました。

音楽は大好きでしたが、正直なところ、当時は他の人の歌を聴くことすら辛かったのです。部屋では音楽を流さず、まったく無音の生活でした。こんな暮らしはこれまでで初めての体験でした。

喉に声が戻ってきた！

そんな日常を過ごして1年が過ぎた頃、私に転機が訪れます。「声が戻ってきた」と、感じられる出来事があったのです。

それは、まったく何も考えず、無意識にハミングをしていた時でした。

バンドを解散して、半年間くらいは音楽を聞くこともできず、まして、自分で歌うことなどもできなかったのですが、次第に心が落ちついてくると、「音楽を聴きたいな」という気持ちが芽生えてきました。

そして、自分がこれまでやってきたロックなどとは違う音楽、たとえばR&BやK-POPなどのリラックスしながら聴ける音楽、あるいは、歌詞の意味を理解できない音楽から聴きはじめました。

やがて、音楽を聴き流しながらハミングをするようになりました。口を開かず、ただ、鼻から息にのせて音を出すということを、無意識のうちにやりはじめたのです。

そんなある日、以前から私に目をかけてくれ、何かと親切にしてくれていたＧＡＣＫＴさんから私に連絡が入りました。

ＧＡＣＫＴさんが主宰する、究極の学園祭エンターテインメントショー『神威《かむい》♂楽《がく》園《えん》』に、参加してくれないか、というのです。これまでも長年このツアーに出演させて頂いていましたが、バンド解散の際に、「ボーカリストを引退します」と直接ご挨拶していたので、オファーを頂くことは正直もうないと思っていました。

当然、まだ私は歌うことなどできませんでしたし、バンドも解散していますから、最初はお断りするつもりでした。しかし、長年お世話になっているＧＡＣＫＴさんからのオファーですし、自分が引退したからといって、そっぽを向くようなことはしたくないと思いました。

そこでこれまでの恩返しをしたいという想いもあり、どこまでお役に立てるかわかりませんが、出演させて頂きます、とお返事をしました。

その最初のお仕事である、グッズや宣伝用の撮影が行われた、２０１７年5月。

この日、私は奇跡的な体験をしました。

撮影に向かうため、私は迎えにきてくれた車に乗り込みました。

そして後部座席に座り、私は、何気なく車内に流れていたＢＧＭに合わせてハミングをしました。その瞬間、私は、「今なら歌えるんじゃないか」と思ったのです。今なら、声が出るんじゃないか。声帯がこれまでになく安定していて、喉の調子がとてもよい。

それは、まさに全身に電気が走るような、衝撃的な瞬間でした。

これまでも毎日のようにハミングはしていましたが、「歌う」とは別次元のことであり、ただ口ずさむくらいだったのですが、この時、車のなかで私がしていたハミングは、歌っているといってもいいくらい、明らかに今までのひどい状態からステップアップしたものだったのです。

今なら歌える。そう思いながら、私はバンド時代、歌っていた時のことを思い出していました。「そういえば、こんな感覚で歌っていたな」と懐かしく振り返っていました。

これは奇跡だ。この感覚を、決して忘れちゃいけない。

解散して、すでに1年2カ月が経っていました。

『神威♂楽"園』のレコーディングでは、ライブで使う素材としてコーラスや簡単なフレーズを録音しました。久しぶりに人前で歌いながら、「ちゃんと声が出ている」という実感もありました。

しかし、まだ油断はできないという思いも一方ではありました。というのも、2012年にも一度、喉の不調でバンド活動を休止し、少しずつよくなってきたと感じた翌年7月に復活しましたが、実際には治癒していなくて、16年に結局、解散ツアーをすることになってしまったからです。

自分も「やっぱりダメだった」とがっかりすることになるし、中途半端な状態でみんなに報告すると、ぬか喜びさせることになる。そう思い、「喉が治るかもしれない」という予感を感じながらも、誰にも報告せずにいました。

そして、私はひそかに「実践と検証」を始めました。以前、声の調子が一時的に回復したものの、またダメになってしまった時は、根本的な発声方法の問題を見つけることができず、どうやったら声が治るのか、自分で理解することができていませんでした。

だから今回は、同じ失敗は繰り返さないと決め、いきなり歌い出すことはせずに、声帯が少しずつ安定してきたのはなぜなのか、なぜ、声が出るようになってきたのか、どうすれば、その状態をもっとよくすることができるのか、自分のなかで実践と検証を始めてみることにしたのです。

そんななか、『神威♂楽園』のレコーディングから2カ月後、今度はGACKTさんのバースデーを祝うイベントで歌を歌ってくれないかとオファーを受けました。

場所は品川プリンスホテル。ファンを招いたイベントは2部構成の予定で、トークやゲームを楽しんだあと、イベントに参加したミュージシャンやダンサーが楽曲を振り分けて歌う、というイベントの企画が持ち上がっていました。

ワンフレーズずつ、マイクをまわすので、それほど長い時間歌うわけではありません。

その頃の私は、「もうほぼ、完治できたんじゃないか。本当にいい状態になった」というくらいに喉の状態が改善されていたので、喜んで、そのオファーを受けました。

それは私にとって、実践と検証を繰り返した末の、最終テストの場であり、同時に、新しい音楽生活を始める、第一歩になるかもしれないのです。

バースデーイベントの当日、私はちゃんと歌うことができました。

喉の調子はとてもよく、声量も音質も安定していて、私が期待していた以上の結果でした。もちろん、GACKTさんは私の病気のことを知っていましたから、私がきちんと歌っている様子に、とても喜んでくれましたし、GACKTさんだけでなく、その場にいたみんなが、私の復活を祝福してくれました。

これでもう治った。また、歌うことができる。

その瞬間、私の第二ステージの幕が開いたのです。

声が出なくなった方へのサポートプロジェクトを始動

今、私は重度の機能性発声障害から歌声を取り戻した経験を活かして、歌唱力のアップを目的としたボイストレーニングと並行して、さまざまな声の問題と向き合う方へ、歌唱復帰をサポートするプロジェクトを行っています。

2011年に機能性発声障害を発症してから5年間、私は、ありとあらゆる治療法を試しました。西洋医学から東洋医学、さらには、心理療法やお祓《はら》いなど、ちょっと変わった手法まで、「声にいい」と教えてもらった治療法は、片っ端から試しました。

もう、藁《わら》にもすがる思いだったからです。

それらのほとんどがあまり効果の感じられないものでしたが、そのなかでも、「この先生の治療はとても効果がある」と感じた方がいらっしゃいました。それが、歌手や声をお仕事にする方ならご存じの方も多い「声のクリニック赤坂 こまざわ耳鼻咽喉科」で院長を務める駒澤大吾先生と、当時、独自の治療法でミュージシャンのフォーカルジストニア治療に取り組んでおられ、大きな実績をお持ちの医学博士・山口眞二郎先生です。フォーカルジストニアとは、局所的に体の筋肉が硬直したり、痙攣《けいれん》したりする病気のこと。ギタリストやピアニスト、最近ではドラマーに多く発症し、突然手の指が動かなくなる、バスドラムが踏めなくなるといった症状が起こります。

声帯がコントロール不能になる発声障害とも共通点が多く、プレイヤーの方のステージ復帰へ向けて、現在、私も力を注いでいる分野でもあります。

駒澤先生は、もともと塾講師と並行してソウルシンガーとして活躍しながら、30代にして一念発起、医師を目指し、今はプロ・アマ問わず声を使うお仕事の方々の発声障害に向き合っているという、ユニークな経歴をお持ちです。２０１１年に発声障害になり、混乱していた私を熱心にサポートして下さいました。

一方、山口先生は私の後輩ミュージシャンでベーシストのseiya君が紹介してくれた先生で、鍼灸をはじめ、幅広い治療法をお持ちです。seiya君も指のフォーカルジストニアでベースが弾けなくなった際、先生に診てもらって症状が改善。今ではステージ復帰も果たしています。先生はメジャーリーガーをはじめ、数多くのスポーツ選手にも治療を行っていて、私もマッサージや筋肉への刺激の治療によって、喉まわりの筋肉バランスを調整して頂きました。

発声障害を克服したことを大変喜んで下さった、こうした先生方と改めて交流を持たせて頂き、私は、喉の仕組みについて、そして、正しい発声について、自分なりに学びを深めてきました。声の専門家といわれる方やベテランのアーティストの方へも積極的にお話をうかがいに訪ねましたし、自分自身、いろいろな治療法を試しました。

そうした中で、私は正しい発声を学ぶための、独自のメソッドを作りました。

もちろんその背景には、私自身がお世話になった声の専門医や医学博士、後ほどご紹介するスポーツトレーナーの庄島義博さんなど、いろいろな専門家からたくさんの協力を頂いています。そして、さまざまな見地から研究を重ねた結果、声の不調と向き合う方や歌唱力の向上に取り組む方へ向けて、独自のカリキュラムを作ることができたのです。

現在、私はこのカリキュラムをもとに、発声に関するお悩みを持った方たちに、広く指導させて頂いています。

声に悩むのは、プロの歌手の方ばかりではありません。声優、声楽家、俳優や舞台役者、司会、ナレーターなど、「声」を職業とする方たちは、ご自分の声に対して常にセンシティブで、多かれ少なかれ、悩みを抱えていらっしゃいます。

そうした方たちに、私が経験を通して学んだことをお伝えしたい。そして、少しでも多くの方に、故障のリスクを低減させるために、声をきちんと出すことの大切さや、いい声を出すことの素晴らしさをお伝えしたい。

そんな気持ちで、このプロジェクトをはじめました。

今はまだ、プロとして声を職業とする方を中心にお伝えしていますが、一般の方にも、声に悩みを持つ方はたくさんいらっしゃいます。

もっとうまく歌えるようになりたい。

もっとプレゼンが上手になりたい。

もっと声量のある、いい声になりたい。

そんな気持ちを持ったすべての方に、このオリジナルのメソッドをお伝えしたいと思っています。

次章から、そのオリジナルメソッドのエッセンスをかいつまんでご紹介します。

文字を読むだけでは、なかなか伝わりづらいところもあるかもしれません。ぜひ、実際に行動してみてください。

あれ、普段の声の出し方とちょっと違うな、と思ったら、どこが、どう違うのか、感覚を研ぎ澄ませてその違いを感じてみて下さい。

最初はその違いがはっきりわからないとしても、繰り返すうち、だんだん、「ああ、そういうことか」と理解が深まってくるはずです。

頭で理解するより、まずは体で覚える。

そして、「たまたま、うまく声が出た」のではなく、「きちんとコントロールして、いつでもいい声を出せるようにする」。

そうなるまで何度も何度も繰り返すことが一番の上達法であり、「声」といい関係を作っていくための唯一の方法だと思います。

第 3 章

間違いだらけの発声方法

いい声の条件とは

たとえば人混みで誰かと話をしていて、「声が小さいから、もう少し大きな声で話してくれ」と言われたことはありませんか。

または反対に、「声が大きすぎるから、もうちょっと小さな声で話して」と言われる人も、いるかもしれません。

よく勘違いされがちなのですが、声量とは、物理的な声の大きさのことではありません。「大声でがなりたてること」、つまり「デシベルが高い数値であること」が「声量がある」ということではないのです。

私自身、ボイストレーニングの指導を行っていると、「声量を上げたい」「声量がなくて、困っている」という相談を受けることがあります。

でも大抵の場合、そのことで悩んでいる方は、「声量＝声の大きさ」と思っていて、「とにかく、圧倒的に大きな声を出せるようになりたい」と考えているケースが多いようです。

しかし、人間の喉には限界があります。自分の限界を超え、無理に大きな声を出そうとすると声帯にダメージを与えてしまいます。

自己流で大きな声を出そうとするのは、とても危険な行為だということに、まず、気づく必要があるのです。

声量とは、単純に、大きな声という意味ではありません。

よく響いて、遠くまで通る声を「声量がある」と定義する必要があるのです。

実は私も発声障害を発症するまでは、「大きな声＝声量がある」と勘違いしていました。「声が大きくて、迫力がありますね」と言われると、高く評価されているような感じがして、うれしかったのです。

しかし、私はより太く迫力のある声を出そうと頑張り続けた結果、いつの間にか、その「声の大きさ」が自分のデフォルトになってしまいました。その結果、それよりも小さな声で優しく歌うことができなくなってしまったのです。

もちろん、歌えば歌うほど体に負担がかかりますし、喉も疲れます。

当たり前ですよね。自分の声帯のキャパシティを超えて、無理やり大きな声を出し続けるのですから。歌うたびにとても体力を使いましたし、ライブやリハーサル、レコーディングを行う日々の中では、当然喉には疲労感が常に残っています。そのうち、いつも通り歌っていても、声が維持できずにひっくり返ることが増え、やがて、私は声を失うことになってしまったのです。

今、考えてみれば、何をバカなことをやっていたのだろうと思うのですが、言ってみればこれは、軽自動車にF1のエンジンを積んだのと同じです。声帯はとてもデリケートで小さな器官なのに、全力で大量の空気を送ってしまっては、トラブルが起こるのも当然です。

そんなこと、やる前から間違っているって誰でもわかりますよね。車体とエンジンがアンバランスなのですから、車体にもエンジンにも負荷が大きく、やがてバラバラに分解してしまうでしょう。

ただ大きくてがなりたてるような声は、騒音でしかありません。

「声量がある声」とは、遠くまで響き、耳触りがよく、抜け感のある声です。

特に、人前で歌を歌うときなど、マイクを通して声を出す際には、注意が必要です。マイクとスピーカーの関係や音のバランスを考えずに、大きな声を出そうとすると、バリバリと音が割れて、とても耳障りな声になってしまいます。

マイクを通して歌う時には、イメージとして、スピーカーにぴったりと張り付いて、すんなりと聞き手の耳に溶け込むような声が「いい声」なのです。

ふと耳に入ってきた声が「いい声だな」と感じる経験は、誰にでもあると思います。テレビやステレオから流れてきた歌声だったり、ニュースを読み上げるアナウンサーの声だったり、または、デパートのアナウンスやイベントの司会の声やたまたま喫茶店で隣に座った人たちの話し声など、私たちはいつも耳からたくさんの声を取りいれています。人が、「いい声だな」と感じるのは、一体どんな声でしょうか。

私は、聞き手に「いい声だな」と感じさせるための条件は3つあると思っています。

一つ目は、「鼻腔が鳴っているか」。つまり、声が喉ではなく、鼻で響いていること。

二つ目は、「30%ルールで吐けているか」。つまり、吐く息の強さと量が常に一定であること。

三つ目は、「テンポにのっているか」。つまり、話し方にリズムがあること。

これらについて、一つずつお話ししていきましょう。

◆いい声の条件1

声が喉で響いているのでなく、鼻で響いている

美空ひばりとジャイアンの違いとは？

「いい声だな」と人に感じさせるための3つの条件のうち、最も大事なのは、「どこで声が響いているか」ということです。

「声がどこで響いているか」ということについて、考えたことがありますか。

声は口から発せられますから、「口の中や喉が響いているのではないか」と考える人が多いのではないでしょうか。

実際に、人間の発声を分析してみると、多くの人が喉のあたりから声を出しています。

もっと正確にいうと、喉を響かせて声を出しています。

でも、喉を響かせて声を出しているうちは、人に「いい声だ」と思ってもらえるのは困難です。喉を使って響かせるのではなく、鼻を使って響かせるようにしなければならないのです。

人の好みはさまざまで、もちろん喉を響かせた表現も魅力的かもしれませんが、もっと効率がよいのは体の構造上、鼻、より正確にいうと、鼻腔という空間を響かせる方が効率

的で簡単に魅力的な声になります。

私たちは、喉を使って響かせることを「喉鳴り」、鼻を使って響かせることを「鼻鳴り」と呼びます。

なぜ、喉鳴りよりも鼻鳴りの方が良いのか。

それをご説明する前に、まずはわかりやすく、誰でも知っている歌手の歌い方を思い出してみましょう。

思い出してほしいのは、美空ひばりさんです。

DVDでもYouTubeでも、彼女が歌っているシーンをちょっと見てみてください。

彼女の歌声を聞くと、どんなことに気づきますか？　特に、「どこで声が響いているのか」ということに注目して聞いてみると、彼女の鼻のあたりで声がボワ～ンと響いていることに気づきませんか。

そう、これが「鼻鳴り」です。喉や首のあたりの筋肉の緊張がほとんどなく、安定した響きを生みだしながら歌っていますね。歌だけでなく、彼女がお話しされている時にも注目して下さい。やはり鼻腔が響いていて、口から出ていく呼気の量も一定になっていると感じられると思います。

これに対して、イメージとしてわかりやすいのが、ジャイアンです。アニメ「ドラえもん」に出てくるジャイアンは、いつもリサイタルと称して、がなりたてています。でも、ただ大きな声を出しているだけで耳触りが非常に悪く、のび太やドラえもんは頭を抱えて逃げ回っていますよね。

ジャイアンの歌声こそ、「喉鳴り」の典型です。

ちょっと専門的になりますが、ジャイアンの歴代声優の方は歌のシーンで喉鳴りを意図的に行っていらっしゃると思います。私がプロの声優にトレーニングを行うときにも、曲のキャラクターやシーンに応じて、喉や胸を鳴らすことと、鼻腔を響かせることの使い分けができるように指導させて頂いています。

いい声とは、喉で響く「喉鳴り」ではなく、鼻で響く「鼻鳴り」です。

では、鼻鳴りとは一体どういうことでしょう。どうやったら、鼻鳴りの声を出すことができるのでしょう。

たとえば、それほど大きな声を出しているわけでもないのに、どんなシーンでも声が響く人っていますよね。声に抜け感や透明感があって、どことなく丸みもある感じがします。ある程度は、生まれ持った素質が関係しているのかもしれません。しかし、それだけではありません。そういう声の持ち主は、声自体に特徴があるというよりも、声の出し方や響かせ方に特徴があるのです。

あらゆる音は空洞から生まれている

人間が声を出す時には、ダイレクトに「音」を発しているのではありません。体の中で、自分の声を反響させて、外に伝えています。

自分の体内で声を反響させることを「共鳴」といい、体の中で声が反響する空洞部分のことを「共鳴腔《きょうめいこう》」といいます。つまり、体内の共鳴腔で反響した音が外に伝わっているのです。

わかりやすいたとえとして管楽器を思い浮かべてみて下さい。トランペットでも、フルートでも、クラリネットでも、なんでもいいです。

それらの楽器は、「管楽器」という名の通り、「管」、つまり、「くだ」の状態になっていますよね。トランペットなら金属製、クラリネットやフルートなら木製が一般的ですが、それぞれ、筒の内部はからっぽです。

そのからっぽの空間で、音を響かせて演奏します。

歌も楽器のように、どのように効率的に響かせるかということが肝心なのです。たとえば、両手を叩く時に、適当に手をパシパシ叩くだけなのと、手のひらを少し丸くしてくぼみを作り、パーンと叩き合わせるのとでは、音の響きに違いがありますよね。手の中に空間があった方が、パーンと、気持ちよく響くはずです。つまり、空間がなければどんな音も響かせることができないのです。

人間の体もこれと同じ。体内にあるからっぽの空間（＝共鳴腔）で、声を響かせ、外に発しているのです。

人間の声は、声帯が振動を起こすことで作られ、共鳴腔で共鳴することで倍音が生まれ、大きくなります。倍音とは、実際に鳴っている音の2～4倍、周波数の高い音のこと。倍音が多い声は明るく響き、倍音が少ない声は通りがよくない、こもった声になりがちです。

体の中には、たくさんの共鳴腔があります。通常は、口の中や喉、鼻腔など、からっぽの空間を使って人間は音を響かせています。

この共鳴腔にはそれぞれの役割があって、主に次のように分類されています。

1、咽頭腔

声帯の上にある空間。共鳴腔として一番最初に機能する

2、口腔

口のなかにある空間。吐く息が出ていくエリアであり、感覚を育てていけばコントロールしやすい

3、鼻腔

鼻の奥にある空間。特に裏声やナ行、マ行、「ン」など母音の「N」の音、裏声を出す時に共鳴させやすい

次ページの図をみてもわかるように、口の周りには3つの空洞がありますが、このなかで、一番大きなものはなんでしょう?

鼻腔ですよね。つまり、鼻腔が最も大きな空洞であり、力みなどにより空間が狭くなり

3つの主な共鳴腔

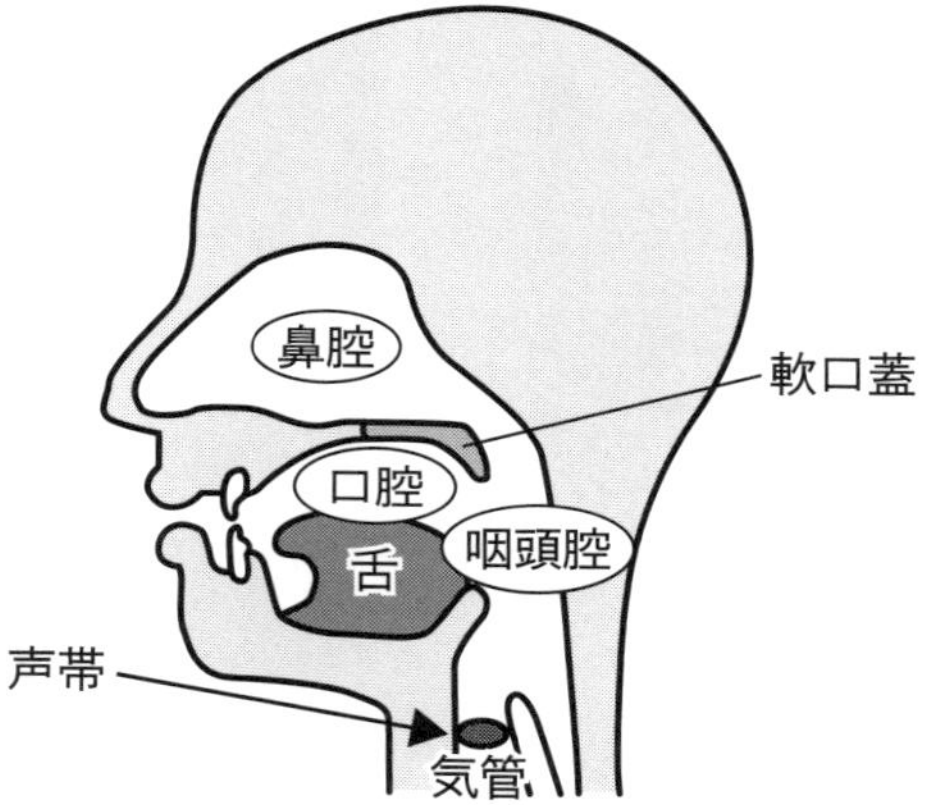

やすい、咽頭腔や口腔で響きを生み出そうとするより、ここを効果的に使うことで、声はもっとよく響き、いい声になるのです。

「N」でいい声かどうかわかる

結論から先にお伝えすると「ん」ではなく、「N」を発音した時の響きを利用していい声を作ります。

「『ん』と『N』の発音は同じじゃないの？」

そう思われるかもしれませんが、ひらがなの「ん」を意識して発音すると喉が締まって硬い印象の音になり、英語の「N」を発音してからその音を伸ばして維持してみると、喉がリラックスして温かい印象の音になっていると思います。詳しく説明すると舌の根元の位置などが影響してくるのですが、それはまた後ほど触れたいと思います。

先ほど、鼻腔は「ナ行、マ行や裏声の音を使う際に共鳴させやすい」とお話ししました。鼻腔で響かせることの大切さをもっとよく理解して頂くために、ぜひ玉置浩二さんの歌を聞いてみて下さい。

私が歌手のトレーニングを行う際に、よく、課題曲として使うものに、玉置浩二さんの『メロディー』があります。１９９６年に発売された曲ですが、いまだに多くの人に親しまれている名曲です。

「Nの響き」に注意して、玉置さんの歌を聞いてみてください。声にまったく濁りがなく、低い音程でも丸みがあり、とても響いていることに気づきませんか。

試しに、ご自分で「ん」と発音してみてください。その時、喉はぎゅっと閉じて、絞り出すように発音していませんか?

これが「喉鳴り」の「ん」。

でも、玉置さんは鼻からたっぷり息を出し、鼻腔を上手に使って響かせているので、同じ「ん」でも、平仮名の「ん」ではなく「Nの響き」を感じることができると思います。

心地いい響きを作り出すには「ん」から卒業して「Nの響き」を常に利用しながら声を出

すと簡単です。

反対に母音の「い」は喉が締まり、鼻腔が使えずに響きを失いやすい音です。特に、プロの歌手でも高音の「い」を発音しづらいという人は少なくありません。

これは、「い」と発音する時には、無意識に口の両端を引っ張り、舌にも力が入ってしまうからで、そうすると喉も連動してキュッと細く閉じてしまうのです。

鼻の奥にある空洞を意識しながら発音してみると、まったく違った響きの音を出せるでしょう。「い」ではなく「N-Ni」、つまり「んーんに」と「N」で鼻から息を吐きながら「I」へとゆっくり移行してみると、その違いがわかりやすいと思います。

よく、「いい声は自己流では出せない」と言われます。確かに声を出すことは毎日、誰もが無意識のうちに行っていることですから、自分のクセや習性に気づき、それを一つ一つ直していくことは、とても大変です。

でも逆にいえば、ほとんどの人がそうした気づきを持っていないからこそ、声の出し方の意識を少し変えるだけで、「あの人、いい声だね」と言われるようになるのです。

私は普段、プロの方に「Vowel Equalization」という、母音を同一化するトレーニングを指導させて頂いていますが、これができるようになると、常に母音の響きを損なわずに効率的に言葉を発音することができるようになります。

重要なポイントとして、私たちは歌やお話を聞く際に、ほとんどの時間は「あ、い、う、え、お」の母音を聞いています。「か」の時の子音の「K」を発音する時間は非常に短く、ほとんどの時間、「K」よりも「A」の音を聞いているのです。

つまり、母音を常に効率よく響かせることが、安定した発声には不可欠なのです。

◆いい声の条件2 吐く息の強さと量が常に一定である

発声のときの呼吸は鼻？ 口？

みなさんは歌う時やスピーチをする時、鼻から息を吸っていますか？ それとも、口呼吸しているでしょうか？

私の考えを先に言うと、私は鼻と口の両方から吸えるようになり、状況によって使い分けられると良いと考えています。理由は、鼻から息を吸うことにも、口から息を吸うことにも、どちらにも利点があるからです。

鼻から息を吸うと、口腔の天井部分にあり、弁のような役割をする軟口蓋《なんこうがい》が開くので、

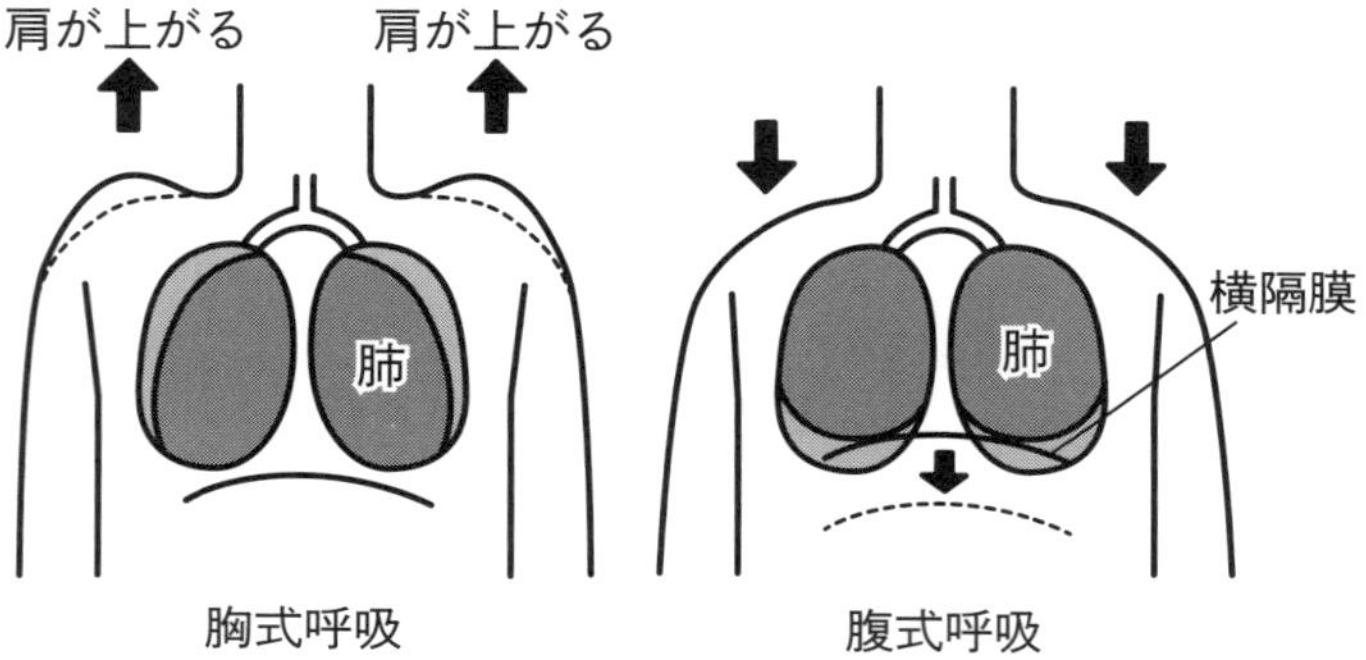

鼻腔の空間を保つ意識がつかみやすく、鼻鳴りで発声しやすくなります。

一方、口から息を吸う場合は、口のなかに鼻よりも広い空気の通り道ができるので、素早く空気を取り込むことができるようになります。また、瞬発的にたくさんの空気を吸うことができるので、役者さんなど、セリフを素早く発する必要がある人には、向いている呼吸法です。

また吸う息の音を聞かせるという表現にも利用でき、特にバラードを歌う時などは、使い方によっては非常に魅力的な表現ができます。

通常、ボイストレーニングのクラスでは、「鼻から息を吸って、口から吐く」と言われます。歌手だけではなく、声優や俳優の養成所でも、そのように指導されることが多いようです。これはどうしてかというと、腹式呼吸を身につけるため。

無意識の状態では、人間は、胸式呼吸を行っています。これは、簡単にいえば胸を使って行う呼吸。

胸式呼吸では、鼻から息を吸うと肺を覆っている肋骨が横に広がり、肺が広がります。この時、胸や肩、首まわりの筋肉を使うため、そのあたりが緊張して力が入りやすくなってしまいます。もちろん、喉にも力が入り、不必要に緊張した状態になってしまうため、リラックスして声を出すことができません。

そのため、胸式呼吸は歌手をはじめ、声を使う職業には向いていないとされています。

一方、腹式呼吸では肺の下（みぞおちの上辺）にある横隔膜《おうかくまく》がグッと下がります。横隔膜は肺と胃の間にあって、いってみれば、胴体の仕切り。息を吸うと横隔膜が下に下がり、お腹がボコッと膨らみます。

腹式呼吸では胸や肩、首の筋肉を使わないため、喉をリラックスした状態で保つことができます。このため、歌う時や声を出す時には腹式呼吸が良いとされています。

私が日頃プロの方へ指導している「骨盤底筋《こつばんていきん》呼吸《こきゅう》」については第5章で詳しく説明す

るので、ここではあえて触れずにおこうと思いますが、通常のボイストレーニングでは、胸式呼吸ではなく腹式呼吸を勧めているのはこのためです。

しかし、これはあくまでも声の出し方を習い始めたばかりの人の話だと、私自身は考えています。

声を出すことに対する意識が育っていない初心者の方は、よく、普段のクセで胸式呼吸をしてしまいがちです。でも、胸式呼吸では胸や肩、首まわりが緊張していますから、効率よく息を吐き出すことができませんし、安定してロングトーンを出すこともできません。

そのため、まずは腹式呼吸を身につけるところからスタートするのが一般的です。そして、息継ぎをする時にも、鼻から素早く息を吸うのが良いとされています。

でも、ある程度慣れてきたら、鼻と口の両方を使って吸ってみたら良いのではと思います。実際、プロの歌手が歌っている映像をみても、呼吸する時に口を大きく開け、空気をたっぷり吸っている様子がわかるでしょう。

これは、口から息を吸ったほうが、一度に素早く、息を取り入れることができるからです。そして吸った時の息の音もしっかりと集音されますから表現力も豊かになるでしょう。

私は普段、ボイストレーニングを行うとき、ダンスや振り付けをしながら歌うアイドルの方や、激しくステージングをするロックバンドのボーカリストの場合は、どちらで息を吸うか、場面によって使い分けをするように指導させて頂いています。

また、高度なレベルになりますが、強く息を吸った時に、すでに喉に力みが生まれていないか、喉を触りながら確かめてみると、歌う前からすでに緊張状態を生み出していることにも気づけるのではないでしょうか。

声帯の仕組み

ジワジワ〜ッとお腹に力をかけながら歌うことができるようになると、なによりも、声帯が安定します。

私の場合、発声障害を発症した大きな原因は、この声帯に大きな負荷をかけすぎてしまったことでした。

一体、「声帯」って何でしょう? 人間は、声帯という筋肉を使って、音を出します。

喉の中には、食べ物や飲み物を胃の中へ送る道＝食道と、空気の通り道＝気管がありま す。声帯は、この気管の入り口にある「喉頭」というところに存在します。

胸には空気を出し入れする肺があり、この肺から送り出された息が声帯にかかります。

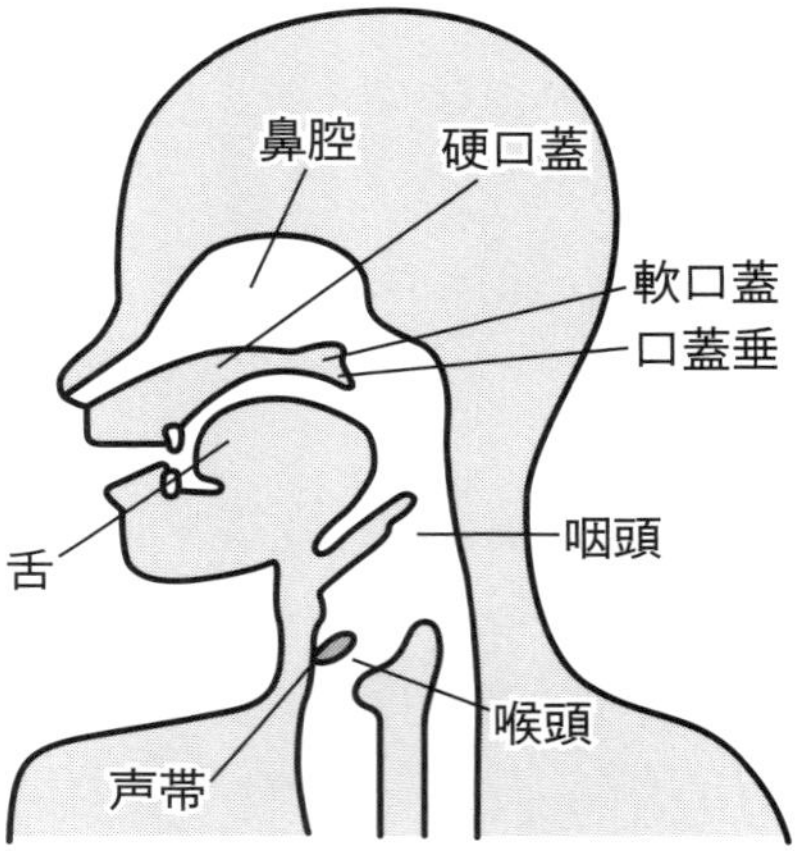

すると、その息が動力になって声帯が振動し、声が生まれるという仕組みです。

つまり、「声は喉から生まれる」ということなのです。

声帯は、二枚一対のひだでできています。

普段、呼吸している時、声帯は開いています。そして、発声の時には2枚のひだがくっついて声帯が閉じ、空気が通る時に2枚のひだが振動します。

この振動音が声となって、聞こえるのです。ひだが触れ合う表面部分やその周辺が緊張していると、声は硬い音になり、反対に、ひだがリラックスしていると柔らかい音になります。

また、声帯はゴムのような性質を持ってい

声帯のメカニズム

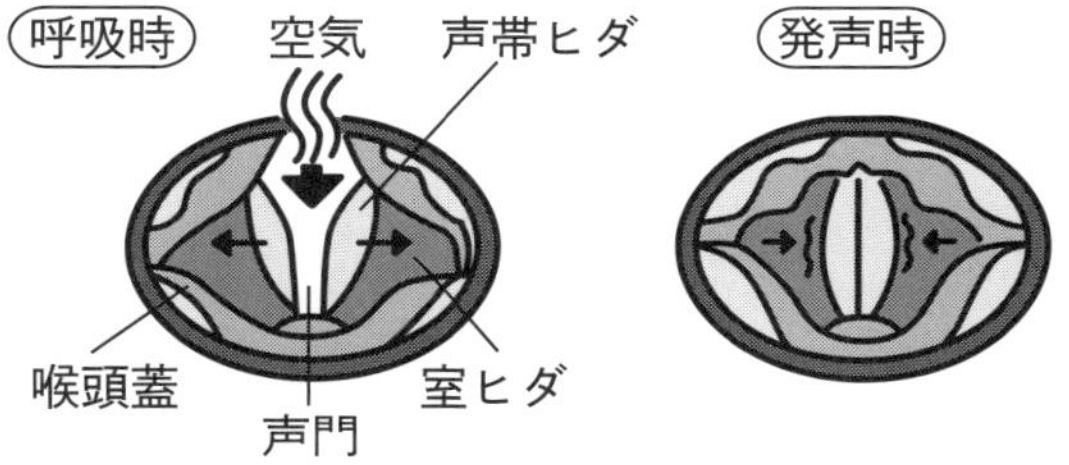

声帯は、左右の壁から張り出した2枚の筋肉のヒダで出来ています。呼吸をする時は、声帯は開き、空気を通します。

発声する時は、声帯は閉じ、空気が声帯にぶつかり振動することによって音が生まれます。

て、声帯が音を作る仕組みは、ちょうど、ギターに似ています。

ギターは、弦をピンと張ると音が高くなり、反対に、緩めると音が低くなりますよね。

声帯もこれと同じで、高い音を出す時には、ひだを引っ張る筋力が強く働き、低い音を出す時には、これを適度に緩めるコントロールが必要になります。

普通、運動をする時には、どんな種目でも筋肉のストレッチが必要になりますよね。ガチガチに力が入っている状態では、体をコントロールすることができませんし、リラックスしすぎてもパフォーマンスを発揮することはできません。

音を出す声帯も、筋肉の一種です。ほかの、すべての筋肉と同じように、声帯も筋肉をストレッチしたり、上手に閉じたりとコントロールすることが必要なのです。

重要なポイントは、声帯をコントロールすることと、声帯の周囲にある喉の筋肉を使うことを分けて考える必要があるということです。

「喉に力が入る」という言葉を使うことがありますが、それは後者の場合であることが多く、声帯自体は上手に働いていないケースが多いです。そうすると本来、発声には必要のない筋肉が発達し、声帯を均等に密着できない状態を生んでしまう恐れがあり、声のかすれの原因にもなります。

ちょっと話を戻してみます。

「大きく吸って、大きく吐く」という従来の考え方だと、つい、声帯に瞬発的に大きな力がかかってしまいます。試しに、お腹にたっぷり息を吸って、瞬発的にフッと息を吐いてみてください。

喉が一瞬、強く緊張した状態になりませんか。

実は、これが、声帯を痛める原因になるのです。

私はずっと、この状態で歌を続けてきました。喉が一瞬緊張した状態になっても、それを無視して大きな声を出して歌おうとしていたのです。

声帯が傷つき、声が出なくなるのは当然ですよね。でも、当時の私は「大きく吸って、大きく吐く」という固定観念にとらわれて、その〝常識〟を疑うことができませんでした。

今度は、たっぷりとお腹に息を吸い込んで、重い荷物をぎゅーっと押し込むように、お腹に少しずつ圧力をかけてみて下さい。

腹式呼吸の感覚がつかみにくい場合は仰向けに寝て、息を自然に吸うとお腹が膨らむのでわかりやすいと思います。その膨らんだ状態からお腹に力を入れてゆっくり吐いてみて下さい。

今度は喉が緊張しませんよね。首や肩に不要な力もかからないはずです。

歌う時には、この状態で喉をキープすることが必要です。こうすると、息の量だけでなく、声帯も安定し、さらに、声帯に余計な負荷をかけずに済むのです。

「大きく息を吸って、大きく吐く」は間違い？

一般に、「大きく息を吸って、大きく吐くのが良い。そうすると、大きな声が出せる」と考えられていますよね。

私自身のことを考えると、以前は、そんな歌い方をしていました。というより、必要以上に、息を大きく吐きすぎていたのです。

発声障害を発症して声を失ったのち、私は自分の歌い方を振り返ってみました。

そして、いろいろな方法を試行錯誤するなかで気づいたのは、「そもそも私は、歌う以前に息の吸い方と吐き方を間違っていた」ということでした。

以前の私は、「大きく息を吸って、大きく吐くのがいい」と信じていたのです。

子どもの頃の音楽の授業でも、「息は大きく吸って、たっぷり吐きましょう」と習っていましたし、学校を卒業し、ボイストレーニングの先生に師事していた時にも、やはりそのように習いました。

別に、そうした指導が必ずしも間違っているというわけではありません。でも、私にはそのやり方が馴染まず、そのために、喉に余計な負担を強いていたのです。

それまでの私は、大きく息を吸い込む時にはお腹の力が緩んでいて、歌とともに息を吐き出す時には、お腹に対して瞬発的に強い力をかけていました。

でも、そのやり方では、お腹に力を入れる時に無駄な動きが多く、体の軸が不安定になってしまいます。

実際にやってみるとわかりやすいと思います。

腹式呼吸でお腹をパンパンに膨らませた状態から、一気に強い息を吐き出します。そうすると、瞬間的にお腹を引き込むよう動作が必要になりますよね。

膨らんだお腹を力を込めて引き寄せる瞬間に、お腹は短時間で長い距離を移動することになります。この瞬間に息は勢いよく飛び出して声帯に緊張を生みます。

このとき、「人前で話す」「ステージで歌う」などの緊張する要因が加算されると、時には何倍もの負荷になり、発声のフォームを崩してしまいます。

つまり、歌う時に大切なことは、息をたっぷり吸ってたっぷり吐くことではありません。あくまでそれは表現の一つとして取っておき、「吸いすぎない」「吐きすぎない」状態を維持することが重要なのです。

むしろ大事なのは、息を吐き出す量と圧力であり、「じっくり一定ペースで息を吐く」

というのが、歌を歌う時にはとても大切なのです。吐く息の量の目安として、一瞬で吐き切る強いため息の状態を100％とすると、歌うときには、概ね30％の息の量を維持できるように意識すると良いでしょう。

私はこれを「30％ルール」と名付けています。これについては、次の項目でお話ししましょう。

大きな声を出そうとすると、強く息を吐こうとしてしまいます。しかし、その強い力は瞬発的に生じるものであり、持続することはできません。だから、息の量が一定でなくなり、全身に緊張が走って、歌っているとますます苦しくなってしまうのです。

歌う時には、お腹に瞬発的な力をかけるのではなく、ジワジワ～ッと、ゆっくり力をかけていくこと。瞬発筋よりも持久筋を使うということです。

たとえば、重い荷物をぎゅーっと押し込んでいくような感じでお腹に力を入れていくと、息の量が安定して、楽に歌うことができるようになります。具体的なトレーニング方法は後ほどご説明しますね。

「30%ルール」とは？　息の量とスピードを重視

息を吐き出す時の量について、もう少し考えてみましょう。

これは、「吐く息のスピード」と考えてもわかりやすいかもしれません。

実は、この息の量やスピード感こそ、発声の良し悪しを決める大きな分かれ道であり、これが上達すれば、「この人の歌声は聞いていて心地いいな」と感じさせることができるのです。

大事なことは、息を吐き出す量が常に一定であること。これがもっとも重要です。

よく、人前で歌を歌ったり、スピーチをしたりすると、息苦しくなるという人がいます。この理由の大半は、「息のコントロールができていない」ということです。

では、「息のコントロールができていない」とは、どういうことなのでしょう。その状態を具体的に考えてみます。

(1)呼吸が浅い

歌ったり、スピーチをしたりしていて、すぐに息が苦しくなってしまうという場合は、そもそも、呼吸が浅いのかもしれません。

特に、大勢の前で話す時に声が震えてしまうという場合は、呼吸が浅くなっている可能性があります。

お化け屋敷に入る、急に車が目の前に飛び出してくるなど、怖い体験をすると、人間は呼吸が浅くなり、全身に緊張が走り、思考力は低下してしまいます。

これは生命の危機を回避するための本能的なものなので仕方がありませんし、必要な反応です。しかし、大勢の前で話をしたり歌ったりするのは生命の危機ではないので、こういう時に呼吸が浅くなってしまうという場合は、思考をコントロールすれば良いのです。

簡単な方法があります。そのためにまずは呼吸に注目するのです。

胸式呼吸になっていたり、力みながら息を吸おうとしていたりすると、呼吸が浅くなってしまいます。

そうではなく、「どこへ向けて、どれだけの量の息を吸えているのか」を意識してみて下さい。

まずは初歩の「お腹に向けて、80％を目処《めど》に空気を満たす」という目的を持って思考と体をコントロールしてみて下さい。不思議と心も落ち着いてきます。

これは近年科学的に効果が証明されている瞑想、マインドフルネスの効果もあります。

この効果は絶大で、実際、プロの方にはストレスコントロールとしても積極的に取り入れて頂いています。

（2）全身に力が入りすぎている

ストレス下に置かれ、呼吸が乱れると体に力が入り、筋肉が緊張してしまい、肺をしっかり動かすことができません。そのため、効率よく必要十分な80％の息を吸うことができず、息苦しくなってしまいます。

私は発声の際の体の使い方と水泳には非常に相関性があると思い、プロの水泳コーチやクライアントである歌手の方と一緒に定期的に泳ぐのですが、呼吸が乱れて、体が硬く緊張してくる状態はちょうど、水の中で溺れているような状況と似ています。陸上で話したり歌ったりしている時に、水中で溺れているような状態に近づいていないか意識するだけで、体の力を抜くことができるでしょう。

通常私たちは、力を入れることには慣れているのですが、脱力することには慣れていません。しかし、頭のてっぺんから足のつま先までゆっくりと力を抜ける場所はないか、順番に意識していると、思わぬ箇所に力みが生まれていることに気づきます。足の指で地面を握っていたり、頭に力が入っていたり、太ももやふくらはぎに力を入れていたり……。「力が入るのは無意識だけど、力を抜くのは意識的に行う行為である」ということも非常に大切なポイントになります。

(3) 吐き出す息の量にばらつきがあり、一定でない

息が長く続かない場合は、吐き出す息の量が一定ではなく、常にばらつきがあることも原因と考えられます。

息をたくさん吸えば、たくさん吐くことができますが、吐き出す時、口から出ていく空気の量が一定でないと、それだけ肺に負担がかかりますから、どんどん息苦しさが募っていきますし、また、聞き手も安心して聞いていることができません。

これは、言葉の抑揚が不安定になる状態ですから、強くはっきり聞こえたり、弱くなってこもったりをランダムに繰り返してしまいます。聞き手は無意識のうちに集中できなく

なり、不快感を覚えてしまいます。

良い例として、ニュース番組でベテランのアナウンサーが話をしている場面を見てみると良いでしょう。彼らが話している時の空気の量に注目すると、概ね一定になっているのがわかると思います。

抑揚の幅や強弱も極端に上下させないようにすると、聞き手は情報にしっかりと耳が向きます。

これは「話すこと」以前に、「息を一定に吐く」ということができているからなのです。プレゼンや営業トークの上手な方は、この一定の状態で相手の意識をしっかりと自分に集めてから、ここぞという大事なポイントで強く、しっかりと発声するので説得力が生まれるのです。

このように、歌を歌ったり、スピーチをしたりする時には、呼吸に意識を向けること、体の力を抜くこと、それから、吐く息の量を常に一定に保つことが必要ですが、これらのなかで、多くの人ができていないのが、「吐く息の量を一定に保つこと」です。

逆に言えば、吐く息の量を一定に保つことができれば、ほかの人と差をつけて、上手に歌ったり、スピーチをしたりすることができるということです。

吐く息は、体の中にため込んだ空気の30％の量が目安。そして、息を吐く時のスピードも一定であること。

吸うことも大事ですが、吐く息にもきちんと意識を向けてみましょう。

◆いい声の条件3 話し方にリズムがある

歌は語るように。話す時は歌うように

人と話す時と、歌う時とでは、声の出し方は違うと思っている人も、多いのではないでしょうか。

実は、話す時も歌う時も、発声のやり方は同じです。言ってみれば、普通に話をすることの延長線上に歌があり、発声のやり方やお腹の使い方、喉の使い方などは、基本的に同じです。

一番わかりやすい例が、再び登場の、美空ひばりさんです。私もよく、ボイストレーニングで、クライアントの方に美空さんがおしゃべりをしている動画を見て頂くのですが、彼女のおしゃべりは、まるで歌うような感じです。言葉に流れがあり、響きが心地がよく、

つい、聞き入ってしまうのです。

人間が誰かとコミュニケーションを取る時には、その話の内容だけでなく、表情やしぐさ、声の大きさやトーンなどからもちゃんと情報を取り入れています。

このことは、アメリカの心理学者、アルバート・メラビアンが提唱した概念、「メラビアンの法則」によって明らかになっています。

彼によると、人がコミュニケーションで重視する割合は、「見た目／表情／しぐさ／視線など」の視覚情報が55％、「声のトーン／話す速さ／声の大きさ／口調など」の聴覚情報が38％、「話の内容など」の言語情報が7％だというのです。

つまり、コミュニケーションでは「何を言うか」ももちろん大事ですが、それよりもむしろ、「どんな声で」「どのような見た目で」話すかということが、もっと大事だということです。

きっと、誰でも心当たりがあるのではないでしょうか。

「本当に良いことを言っているのに、なぜか伝わらない人」もいれば、「別に、たいしたことを言っているわけでもないのに、なぜか説得力のある人」もいます。

「当たり前のことを話しているだけなのに、聞き手を感動させることが妙にうまい人」もいます。

これは、メラビアンの法則のいい例です。

「人に何を伝えるのか」を考えるのは、とても大切ですが、同時に大変なことでもあります。でも、話し方や声のトーンなどは、自分の練習次第で、どうにでも変えることができます。

だから、仕事でプレゼンの機会が多い人や、人前で話をすることが多い人などは、良い第一印象を与えるために、話し方を練習することが大切なのです。

そこに注目しているのは、政治家の方です。彼らはプレゼンする機会がたくさんあります。選挙もその一つですね。

私もよくご相談を頂くのですが、「選挙活動では毎日何時間も声を出すので、すぐに声がかれてしまう。そうすると大切なことを伝えているのに、なんだか悪いことを話しているように感じると、後援会などの支持者の方から指摘される」という方もおられました。

ほかにも、「効果的に政策を訴え、人を惹きつけるためにはどうしたら良いのか」と聞かれることもありますが、そういう時は「リズムを意識して下さい」と伝えます。そして「歌だと思って、声にも意識を向けて下さい」とアドバイスさせて頂きます。

政策の内容を伝えたり、自分が取り組んできたことを報告したりしているのに、聞きにくい声やリズムだと、非常にもったいないと思います。効率よく伝えるには発声のトレーニングが役に立ちます。当選回数が多い方ほど発声に注目されて日頃から学ばれています。

話を美空ひばりさんに戻すと、彼女の話し方はとても独特です。

そのまま音符に表すことができるくらい、まるで、歌うような感じです。話し方に適度に緩急がありますから、一本調子で淡々とした話が続くよりも、聴衆を自分の世界へ引き込みやすいのです。

ここまでは、「話す時は歌うように」ということをお話ししてきましたが、その反対も言うことができます。つまり、「歌う時は話すように」ということです。

思わず聞き入ってしまう歌手の方たちには、歌い方に一つの共通点があることに気づきます。それは、「聞き手に語りかけるように歌っている」ということです。

先ほど例として取り上げた、玉置浩二さんの『メロディー』など、その典型です。

この歌の特徴は、決してハキハキしていないのに、一つ一つの単語が聞き取りやすい。歌詞が聞き取りやすければ、聞き手の目の前には、その歌のイメージがとてもリアルに広がります。光景を思い浮かべることができるのですから、聞き手はどっぷりその世界に浸ることができるのです。

そして、特に低音域の歌い方が、「歌う」というよりも「語りかけ」になっていて、聞き手を歌の世界へ引っ張り込むことに成功している。

それから、声が優しく、感情の表現が素晴らしい。

飾り立てた声ではなく、玉置さん個人の、素の声ですから、聞き手は違和感なく、その声を受け入れることができます。だからこそ、ちょっとした感情の揺れが音に表れた瞬間に、聞き手はその変化を敏感にキャッチすることができるのです。


歌う時は、語るように。そして、話す時は、歌うように。

これが、「いい声」と感じてもらう鉄則です。

第4章

3ステップで奇跡的に声がよくなる！

3ステップで「いい声」を身につける

ここからは「いい声で歌う」「話す」ためのワークをご紹介したいと思います。

私は、「いい声を出す」ためのステップには、3つあると考えています。それは、次のような流れです。

第一段階　「鼻鳴り」を身につける
第二段階　お腹の使い方をマスターする
第三段階　息をコントロールする

「いい声」を出すためのステップは、この3つだけ。とてもシンプルです。

「いい声には憧れているけれど、生まれつき、いい声じゃないから無理」とあきらめている人も、もしかしたらいるかもしれません。

確かに声質や喉のキャパシティは、生まれ持った部分も少なくありません。しかし、どんな人でも練習次第で、必ず「いい声」を出せるようになります！

まずはこの章から順番に、読んでみて下さい。

ワークもたくさん用意しているので、実践的に学び、身につけてみて下さい。

ワークを上手に活用するポイントは、「違いを感じる」ということです。

「あ、なんとなく今日は声の調子がいいかも」と思うなら、「なぜ、声の調子がいいのだろう?」と考えてみる。そうすると、「あ、今日は肩の力がいい具合に抜けているからだ」「そういえば、今日はいつもより口角が上がっているな」など、気づくこともあるでしょう。


そうした変化に敏感になることが、上達の秘訣。

これからは、「感覚を育てる」ことが、非常に大切になっていきます。いつもとの違いを敏感に感じることができれば、「たまたま、今日は喉の調子がいい」という偶然性はなくなって、「いつでも間違いなく、いい声を出せる」ようになるはずです。

早速、トライしてみて下さい!

自分の声は「鼻鳴り」?「喉鳴り」?

まず考えていただきたいのは、「どのポジションに声の響きを置くか」ということです。

これまでお話ししたように、いい声の条件は「鼻腔で共鳴していること」、つまり、鼻鳴りです。もし、自分の声が喉で共鳴しているとしたら、そこから改善していかなければなりません。

ちょっとここで、自分の声が「鼻鳴り」か「喉鳴り」か、確かめてみましょう。

当てはまるものに、チェックをつけてください。

□歌う時には、とにかく声を大きくすることが大事だと思っている
□高い声になるほど、頑張って声を出している
□サビで盛り上がる時には、つい、力が入って声を張り上げてしまう
□2〜3曲歌うと、すぐに喉が疲れてしまう
□音程がフラットして（低くなって）しまう
□リラックスしている（小さい声だ）と、中低音は出せても高音域は出せない

どうでしょう。当てはまるものはありましたか。

当てはまるものが多ければ多いほど、喉鳴りで歌っている証拠。このまま歌い続けてい

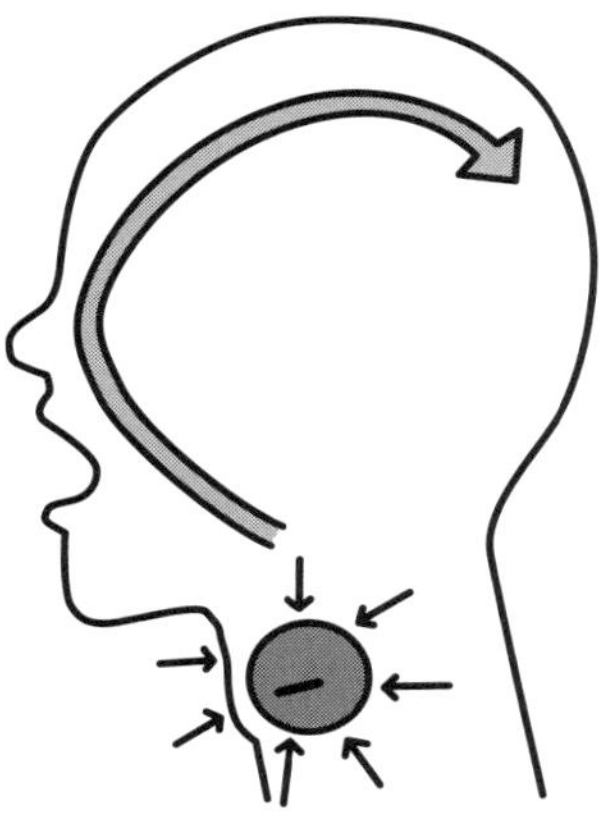

喉鳴りの人は喉に意識が向かい過ぎている

ると、喉を痛めてしまうリスクが高まるだけでなく、聞き手を息苦しくさせてしまいかねません。

ではどのようにしたら鼻腔を上手に響かせて、心地よい声を作ることができるのでしょう。

そのためには、まず、声のポジションをしっかり認識することが必要です。

声のポジションとは、声の出どころのこと。つまり、どこに意識を置いて、声を出しているかということです。

喉鳴りの人の多くは、喉のあたりに意識を向けて歌ったり、話したりしているはずです。

この図の、喉にある矢印のあたりですね。

もちろん、声は喉で作られますから、そこに

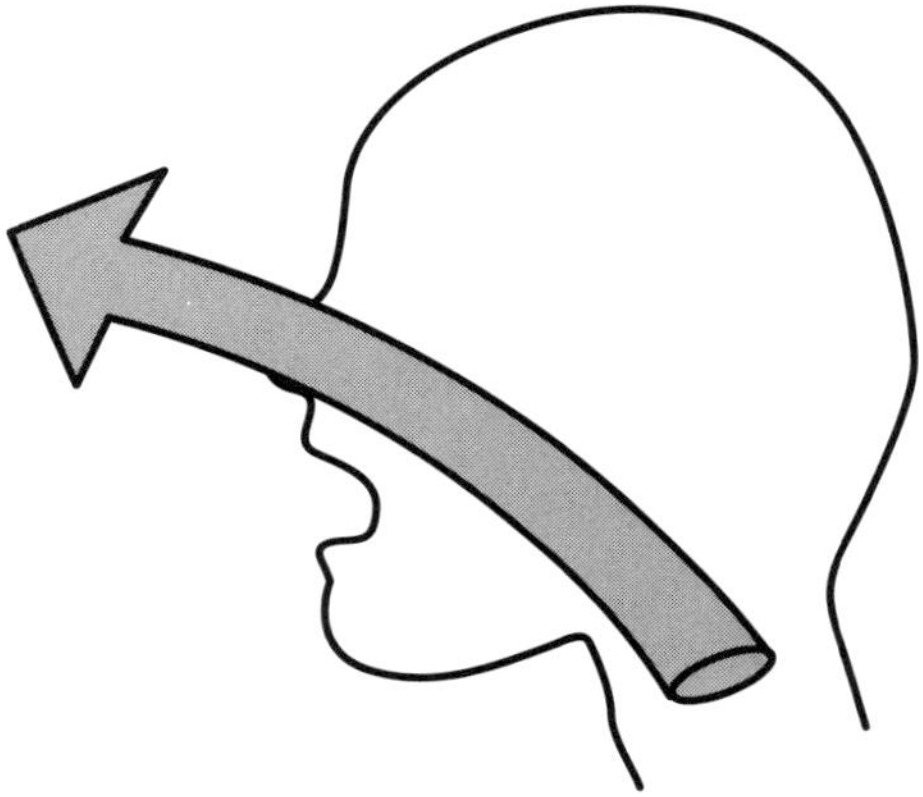

鼻から声が出ていることをイメージする

意識を置いて声を出すのは、完全に間違っている、というわけではありません。

でも、ここに100%の意識を向けていると、つい、喉に力が入ってしまいますし、声が外へ流れていきません。喉まわりの筋肉は緊張し、上手に体内で響かせることはできないでしょう。

それでは、どこに意識を置いて声を出したらいいかというと、上のイラストで示した矢印の部分です。

人によって、発声の時に意識するポジションは異なると思います。いろいろな意見がありますが、私自身は、鼻から声が出ていることをイメージすると良いのでは、と思います。

試しに、鼻の根元、ちょうど鼻の骨が硬く

なる場所を響かせようと意識しながら、何かワンフレーズ歌ってみてください。書籍の一部を朗読してみるのもいいでしょう。

そこを意識しながら声を出そうとすると、喉を力ませたままでは無理ですよね。自然と喉はリラックスし、お腹まわりの筋肉もいい具合に引き締まって安定し、声の通り道がきちんと作られるはずです。コツは鼻から息を出しながら発声することです。どうでしょう？ 鼻腔や鼻骨がジンジンと振動しているのを感じられるはずです。

声を出す時に意識すべきポジションが安定すると、いいことがいくつもあります。そのなかで最大のメリットは、喉の筋肉の力が抜けて安定するので、一番楽な状態で歌うことができる、ということ。楽な状態で歌えるのですから、何時間歌っても、疲れることはありません。

実際、私は今、ボイストレーニングのレッスン中もクライアントの方と一緒にずっと声を出し続けています。1日に6～7時間、話したり、歌い続けたりしていますが、喉がかれたり、声が出なくなったりすることがありません。その他にもDuelJewelの活動があるので、歌わない日はほとんどありませんが、喉の状態はいたって好調です。

機能性発声障害を発症する前は、3時間ほど練習しただけでも、喉が激しく疲労して、ライブの後は声が変わっているということがしばしばありました。ツアーなどでライブ後の食事や移動の際には極力声を発せずに喉を休ませようとして、常に神経質になっていました。

喉の筋肉を安定させるということは、余分な疲労を与えず、楽に歌い続けるためにも、とても大切なことなのです。

楽な状態で歌うことができると、いろいろな表現方法が可能になります。

ささやくように歌ったり、あるいは、メリハリをつけるために、意識的に声を張り上げたり、そうやって表現方法に変化をつけることで、曲調が豊かになります。聞き手を歌の世界へ引き込むことができますし、自分ならではのオリジナリティを発揮することもできるでしょう。

ハミングでいい声の基礎を作る

それでは、喉を意識して歌うのではなく、鼻から歌えるようになるにはどうしたらいいのでしょう?

簡単で非常に効果的なトレーニングがあります。それが「ハミング」です。

ハミング、きっと誰でもやったことがありますよね。

でも、「さあ、ハミングをしてみて下さい！」と言われると、「あれ、どうやってやるんだっけ？」と頭が混乱してしまう人も、多いのではないでしょうか。

私がボイストレーニングを指導する時も、「ハミングをしてみましょう」と言われた途端、頭で難しく考えすぎてしまって、口をしっかり閉じ、喉に力を入れ、「んんんーっ」と苦しそうに音を出す人も少なくありません。

難しく考える必要はないのです。要するに、ハミングとは「鼻歌」のようなものです。

テレビドラマやアニメでも、主人公が上機嫌の時、フンフンと歌っていますよね。ハミングは、あれのことです。「サザエさん」になりきってハミングすると、いいかもしれません。

試しに、どんな曲でもいいので、さわりの部分をハミングしてみて下さい。リラックスして口を自然に閉じ、鼻から息を出すようにして歌うことが大切です。

どうでしょう？　鼻腔のあたりがジーンと響いているのが感じられませんか？

ハミングをしながら指で鼻の付け根に触れてみると、ジーンと振動しているのがわかります。

逆に口を開いて「アー」と声を出し、同じ音程を出してみて下さい。先ほどハミングをした時、指で感じた鼻の振動が止まっていませんか？

つまり、口を閉じていても、開いていても、この鼻腔の振動を常に感じながら歌うと、声に響きが生まれていい声になっていくのです。

続いてハミングしながら、喉のあたりにも意識を向けてみて下さい。決して余計な力が入っていませんし、きつく閉じてもいないことに気づくはずです。

このように、自然な発声の下地はハミングだけでもしっかりと身についていきます。

ハミングの効果

私が指導しているボイストレーニングでも、必ずハミングからスタートします。ロックでもクラシックでも、ジャンルを問わずプロで活躍している方には、いつもハミングの練習をお勧めしています。

また、俳優やナレーターなど、歌は歌わないけれど、声を使う職業の方にも、ハミングはとても効果的です。

なぜ、ハミングはいい声を出すために効果的なのでしょう。その理由はいくつかあります。

(1)鼻腔で音を共鳴させる感覚をつかむことができる

口を閉じているので、喉の筋肉や、舌、頭の筋肉の力を抜きやすく、自然と鼻腔で音を共鳴させやすくなる。そのため、鼻を上手に使うことが感覚的にわかるようになる。

(2)声の通りがよくなる

ハミングをしている時は口を閉じているため、体のなかでどの部分が響いているか、わかりやすくなる。ハミングをしながら自分の声の響きを確認することで、もっと響かせられるポイントを探りやすくなり、声の通りが改善される。

(3)呼吸の意識が身につく

ハミングでは口を閉じているので、強く力んで歌うことがやりにくい。そのため、自然と必要十分な量の空気を出し入れする状態になるので、呼吸の意識が自然と身につく。

(4)音程が取れるようになる

ハミングをしている時は歌詞を口ずさむことができないので、自然と、音程が安定する。特に、音程が取りづらい曲の場合、初めはハミングだけで練習すると、音程を取りやすくなる。

音程を取りにくくしている要因は、音を認識する脳の問題と思われがちですが、音が取れないのではなく「言葉」に影響されている場合が多いです。たとえば、「この曲の1コーラス目（1番）は歌いやすいのに、2コーラス目（2番）になると歌いにくくなる」なんて経験はありませんか？

これはプロでも陥る重要なポイントです。脳は正確に音程を認識している場合がほとんどですが、母音や子音を発音する際に発声のフォームが崩れると、結果として音程が取りづらくなってしまうのです。

これについてはまた、最後の章でも触れたいと思います。

このように、ハミングにはたくさんの効果があります。鼻腔できれいに共鳴させられるようになれば、高い声も出しやすくなるでしょう。

また、「声の通りが悪い」と悩んでいる人にも、とても大きな効果があります。

「声の通りが悪い」からといって、単純に声の大きさを上げようとするのでは、かえって喉を痛める原因となるのは、すでにお話しした通り。「通りのよい声」とは、「遠くまで響く声」「声量のある声」であって、大きくがなりたてるジャイアンのような声は「声量がある」とは言えません。

では、ハミングをすると、どうして声の通りがよくなるのでしょう。

それは、アコースティックギターとエレキギターを思い浮かべてみると、わかりやすいと思います。アコースティックギターは、ギターの内部が空洞になっています。だから、アンプがなくても音を響かせることができます。

一方、エレキギターは内部が空洞になっていない構造のものが主流なので、アンプがなければ音を響かせることができません。

歌うこともこれと同じ。

「声が通らない」と感じている人は、体の内部で上手に音を響かせることができていません。恐らく喉や胸のあたりがジーンと響いている状態だと思います。これは表現としてはアリなのですが、効率が良いとは言えません。

でも、鼻腔できれいにハミングを響かせることができれば、効率よく音を響かせるということを感覚的につかみやすくなり、「通りやすい声」を身につけることができるのです。

では、早速ハミングをしてみましょう。

ハミング練習1 ハミングで鼻腔を響かせる

1、口を閉じた状態で、「んー」ではなく「N」の発音を意識して、「Nー」と伸ばしながらハミングしてみる（「ん」と「N」の違いは、P74でお話ししています）

2、ハミングしながら、鼻の付け根、ちょうど骨が硬くなる部分を片方の手で軽くつまむように触れてみる

3、指で鼻骨周辺の振動が感じられれば、声が鼻腔で響き、共鳴している証拠

ハミングをする時に大切なことは、次の3つです。

(1)喉に力を入れず、リラックスさせる

喉に力が入っていると、ハミングをしても音と音がつながらず、滑らかな音階になりません。また、喉鳴りになってしまって、効果がなくなってしまいます。

(2)鼻の先端や根元などが振動しているのを感じる

ハミングをしている時、鼻腔できちんと共鳴が起きていると、鼻の先端や根元のあたりにむずがゆいような振動を感じるはず。振動が感じられなかったら、喉で共鳴させているのかもしれません。

また、ハミングの音域によって、振動する場所が違ってきて、ハイトーンになると後頭部のあたりに振動を感じることも。そうした微妙な変化も感じてみましょう。

(3)出ていく息の量を調節する

ハミングの時は口を閉じていますから、自然と鼻から息を吸って、鼻から吐くという、鼻呼吸になっていると思います。

思いっきり吸って、思いっきり吐くと、ハミングはわずか数秒で終わってしまいますし、

気持ちよく歌い続けることができません。Ｐ89でお話しした「30％ルール」を思い出し、できるだけゆっくり、30％の一定量の息を吐き続けることを意識してみて下さい。自動車のスピードメーターを30㎞で維持するようなイメージを持つとやりやすいかもしれません。それだけで、ハミングがとても気持ちよく、心地いいものになるはずです。

ハミングをしている時には鼻の下あたりに指を当てて、出ていく鼻の息の量や温もりを確認してみましょう。思いっきり風が当たっている場合は、息の量が多すぎる証拠ですし、反対に風や温もりを感じられなければ吐く息の量が不足しています。

鼻腔や耳から聞こえてくる音と、息の量が安定するポイントを見つけたら、きれいに共鳴したハミングになっているはずです。

それから、ハミングしながらどこから音が出ているか、ちょっと観察してみて下さい。声が鼻や眉間のあたりから出ているような感じがしませんか？　喉のように、低い場所から出ていることはないはずです。

いい声を出すためには、鼻腔の空間を響かせることが大切だということは、すでにＰ00で述べた通りです。

鼻腔のあたりが共鳴しているか確かめるために、今度は、ハミングで長い音を歌ってみましょう。

最初は「Nー」の音でハミングを始め、途中から「Naー」に変えてみます。「Nー」の時には閉じていた口が、「Naー」になって、開いた瞬間、音量が上がり、声が広がったのが感じられればOKです。

私が普段、プロの方へ指導する場合、これを「Nを入れる」とお伝えしています。各フレーズの歌い始めや、息継ぎをして最初の1音目を、いきなり「君がー」と歌い出さずに「Nー」をほんの一瞬入れてから「ンー君がー」と歌うと鼻腔の響きから外れることなく歌い出すことができます。

ちょっとレベルが高くなりますが、これだけで歌が上手に聞こえるはずです。ぜひ、挑戦してみて下さい。ピッチ（音程）も安定するでしょう。

ハミング練習2　ハミングでロングトーン

1、「Nー」のハミングを4カウント、続ける
2、息を吐き出し続けながら、「Naー」の発音に変えて4カウント声を出す

大事なことは、安定して鼻から息を吐き出し続けること。息が安定していれば、「N（ン）」から「Na（ナ）」に音が変わった瞬間、声が広がり、声の通りがよくなったのを感じるはずです。

大切なのは声質、声のキャラクターがNから変わらないこと。これは、しっかり鼻腔で共鳴でき、それを維持できているということ。この共鳴を、歌うときにも活かすことが大切なのです。

次に、単音のハミングから連続した音のハミングへステップアップしてみましょう。もし、ピアノなどの鍵盤楽器があれば、一つの音を長く鳴らしながら、ハミングしてみましょう。スマホ向けの、ピアノのアプリを使うのも非常に便利です。

この時に意識することは、喉を鳴らさず、鼻腔で音を増幅させるような感覚を持つこと。

単音に慣れてきたら、少しずつメロディを広げていきましょう。

「ドレミレド」「レミファミレ」「ミファソファミ」というように、一音ずつ音をつなげていく練習をしてみましょう。

鼻の付け根を片手で軽くつまむように触れてみる

それに慣れたら、いきなりアップテンポな曲を歌うのではなく、「かえるのうた」のような、簡単な童謡からスタートするのがお勧めです。

大切なのは、焦らず、じっくりとステップアップすること！　鼻腔の共鳴が感じられず、喉鳴りのハミングになったなと感じたら、一段階戻って基礎を確認してみましょう。

ハミング練習3　単音ハミングから連続した音のハミングへ

1、（できれば鍵盤に合わせ）単音をハミングする

2、ドレミレド、レミファミレ、ミファソファミというように、一音ずつ音をずらしながらハミングする

3、「かえるのうた」のような童謡をハミングする
4、好きな曲をハミングする

毎日少しずつでも、丁寧にハミングする習慣をつけると、次第に声の響かせ方が変わってきます。

喉鳴りではなく、ちゃんと鼻腔を響かせられるようになってきたかどうか確認するには、ハミングをしている時に、鼻にそっと指を当ててみるとわかります。

ジーンと響く感触があれば、きちんと鼻鳴りで音を出せているということ。もし、鼻腔が響いている感覚がなかったら、もう一度、単音でのハミングに戻って確認してみましょう。

ある程度、ハミングに慣れてきたら、今度はハミングと歌を交互につなげてみましょう。

童謡など、簡単な歌をハミングします。途中までできたら、歌詞を歌ってみます。そして再び、途中でハミングに戻す。こうしたことを繰り返すことで、歌っている時でもきちんと鼻腔を響かせることができるようになります。

ハミング練習4 ハミングと歌を交互につなげる

1、ハミングで童謡を歌う
2、途中までできたら、歌詞に切り替える
3、再びハミングに戻す
4、これを自由に繰り返す

もう少しステップアップして、ハミングから言葉（歌詞）へ移行する前に、私がプロの方へ指導している内容をお伝えします。それが「ヤエイヤエイ」トレーニングです。つまり、「ドレミレド」の音階に乗せて「ヤエイヤエイヤエイヤエイ」と発音するのです。

この時注意するポイントは2つあります。

1、口を開きすぎないこと。ちょうど小指の先が入るくらいの広さで十分です。

2、レガートに発音すること。ハキハキと発音せずに言葉をつなげて発音すること。極端に言うと、寝起きのような、いい加減に発音するくらいでちょうどいいです。ここでレガートの概念が出てきますが、これが歌において超重要です。簡単に言うと一音一音を強調せず、音を途切れさせずに滑らかに発音することです。

また、日本語ではなく、「Yaei Yaei…」のようにローマ字として認識する習慣も徐々につけていきましょう。英語っぽく発音する方が滑らかになり、レガートの感覚をつかみやすいと思います。

もし、ハミングではきちんと鼻腔を響かせている感覚があるのに、歌詞になると声質が変わり、喉鳴りになってしまうと感じる場合は、焦らず、ハミングで全曲通して歌ってみましょう。

ハミングが上手にできるようになれば、息が滑らかになって、全部の音がレガートにつながり、歌はとうとうと話しているように続いていきます。

ハミングから歌へ切り替えることは、いつでもできます。まずは、ハミングで基礎を固めることが大事なのです。

声の通り道を想像する

楽器を演奏している様子を描いた漫画で、楽器から音符のマークが流れている様子を見たことはありませんか？

トランペットやクラリネットなどがわかりやすいかもしれません。筒状の楽器の先端から、音符のマークが流れている様子は、音がその方向へ途切れることなく流れている様子を思い浮かばせます。

実は、声もこれと一緒です。

ハミングする時でも、歌う時でも、途切れることなく、一定の方向へ流れていく様子をイメージしながらやってみると、思った以上に声の流れが安定してきます。

これは先ほど重要だとご説明した「レガートに歌う」ということにもつながります。

つまり、一つ一つの音を「単音」として捉えるのではなく、あくまでもつながっている一つの大きな「波」としてとらえると、歌やお話はずっとスムーズになるのです。

これが声帯を安定させ、響きを生み、音程を自然と整える秘訣です。

声の正体は「息」であり、息の流れが声の響きとなって、周囲の人たちに伝わるのです。

声は動いているもの。そして、自由に動かすことができるのです。

ここでは、声を〝動かす〟ためのワークにトライしてみましょう。

ハミング練習5　声の通り道をイメージしながらハミング

1、好きな歌をハミングする

2、鼻腔から目線の先へ向けて、一本の光の矢印を思い浮かべる

3、その矢印に声をのせるようにハミングする

慣れてきたら、ハミングではなく、歌でもトライしてみましょう。

できれば、高音域と低音域が、まんべんなく含まれている歌を題材にしてみると、もっと効果を感じやすいと思います。

高音域に達した時に大事なのは、決して力まないこと。力を入れて高い音を振り絞ろうとするのではなく、あくまでも鼻腔の振動を感じながら、鼻から出ていく空気に声をのせるようにしていくのです。

こうすれば、高い音域でも余計な力を入れずに済みますし、楽に声を出すことができる

でしょう。

声の流れをイメージしてみる。これだけで歌に流れが生まれ、息のスピードも安定し、聞き心地のいい歌声になるはずです。

歌の上達には、カラオケよりハミング

「歌がうまくなりたい」と思う人は、カラオケなどを使って練習するケースが多いと思います。

また、もっと慣れた人はスタジオなどを予約して、マイクを握って歌の練習をすることも、あるかもしれません。

もちろん、そうやって実際に歌う練習を積むことは、歌の上達に役立ちます。場慣れするという意味でも、効果があるでしょう。

しかし、それよりもっと効果が高いのが、ハミングです。

ハミングで「いい声を出すこと」の基礎をしっかり身につけ、声がどこから出てくるのか、その位置を体にきちんと覚えこませることができれば、自然と呼吸が安定して、体幹が整い、喉も力みのない程よい状態に保たれ、「いい声を出すこと」の土台を身につける

ことができるのです。

ハミングは、音を出すことができない場所でも気軽にできますから、たとえば家事をしながらとか、車を運転しながらとか、そうした時間をうまく活用することもできます。

「じゃあ、ハミングをする時にはどんな歌を歌えばいいの？」

こんな疑問を感じる人も多いでしょう。

基本的に、ハミングをする時には、どんな歌でもＯＫです。自分が歌いやすいと思うもの、また、歌い慣れたものでハミングすると良いでしょう。

音痴もハミングで治る!?

ここまでハミングの大切さをお話ししてきましたが、最後に、歌を歌う上での究極の問題、「音痴」もハミングで治せる、ということをお話ししておきます。

ときどき、「自分の歌を録音して聞いてみると、全部フラットしていて半音下がっている感じがする」という人がいます。

特にカラオケは、バックに流れている演奏を聞きながら歌うため、感覚としては演奏に合わせて歌っているつもりでも、実際に録音を聞いてみると、半音程度、下がっているという不思議な現象になってしまいます。

これはアマチュアの人だけに限らず、プロの人でも同じ。

「自分の音感が悪いとは思えない。でも、音程がずれているということは、そもそも音程の認識がずれているのではないか」と悩む人も少なくありません。

実は、こうした音程のずれは、声が「喉鳴り」になっているために起きる現象です。

ハミングについて最初にお話しした時、「声のポジションをどこに置くか」を考えることが大切、とお伝えしました。

喉ではなく、鼻骨のあたりから声が出ている様子をイメージしながら歌うと、鼻腔で上手に共鳴させることができ、通る声を作ることができます。

音程が取りづらい、一般に「音痴」の状態になっている時には、声が喉のあたりから絞り出されていることがほとんどです。

そのため、高い音の時には喉をキューッと絞り上げるようにして声を出し、反対に、低い声には「ウ〜」と唸るようにして苦しそうな声を出しています。

繰り返しになりますが、これも表現として間違っているわけではありませんが、その状態は意識して使い分ける必要があります。低音でも音を響かせる位置を鼻腔にすると、喉がリラックスして楽に声を出せるでしょう。

声の出どころ（＝ポジション）が安定しないため、音程もバラバラに聞こえます。これが、音痴になる原因なのです。

ということは、高い声でも低い声でも、声の出どころを1カ所に定めることができれば、声は安定し、音程も取りやすくなるということ。そのために役立つのが、「鼻から声が出る」というイメージを持ち続けることであり、その感覚を、ハミングを通して身につける、ということなのです。

ハミングをしてみるとわかるように、声は鼻を突き抜けて眉間のあたりから出ているような感覚がありますよね。

歌詞をつけて歌う時には音痴になってしまっても、ハミングをしてみると、意外と正しく音程を取れているということもあります。

これは、ハミングには歌詞がなく、「N」などの響きが生まれやすいので、喉が詰まったり、緊張したりすることがないため。だから、喉がリラックスして、声帯が安定し、音程も整ってくるのです。

音痴で悩んでいる人は、まず、歌詞をすべて除いて、ハミングだけで練習してみると良いと思います。安定して声を出せるようになったら、歌詞をつけてみる。それだけでもずいぶん、聞こえ方が変わるはずです。

特に、「高い声がフラット気味になってしまい、下がって聞こえる」という人には、ハミングがお勧めです。

なぜなら、鼻腔でしっかり響かせた声は音色が明るくなり、高く聞こえるから。反対に、喉で無理やり絞り出そうとした声は、低く聞こえがちです。

そのほかにも、口を横に長く開いた時の「イ」や「エ」は普段より高めに聞こえますし、反対に、口角が下がる「ウ」や「オ」は普段より低めに聞こえがちです。

こうした発音による違いはありますが、基本的に、声を出すポジションは常に一定に保つこと。

今、ご説明したポイントを心がけるだけで、音程の問題はずいぶん改善されると思います。

リラックスする秘密の方法とは？

ハミングで声を響かせるポイントを感覚的に身につけたら、今度はそれをもっと楽にできるようにしましょう。

プロの歌手ともなれば、ライブで数時間、ぶっ通しで歌い続けることもありますし、司会業やナレーターの方、役者さんなど声を職業にする方でも、毎日、何時間も声を使うことになります。

全力で声を出すには限界がありますから、少しでも省エネで、楽に声を出せるようになれば、喉の寿命をすり減らさずに済みますし、体力的にも消費エネルギーを減らすことができます。

また、声を職業にしている方じゃなくても、余計な力を抜いて楽に話すことは、とても大切です。

力を適度に抜く秘策はいくつかあるのですが、私が、ボイストレーニングのレッスンでお伝えしていることの一つに、「眉間を15秒上げてから歌う」ということがあります。ちょっと奇妙ですか？　怪しいと思いました？

でも、まずは試しにやってみて下さい。

リラックスする秘策　眉間を上げて、力を抜く

1、目に力を入れ、ひたいの皮膚をつり上げるようにして、眉間を引き上げる
2、15秒間引き上げたら、元に戻す
3、歌ってみる

どうでしょう？　歌いやすくなったと思いませんか？

これにプラスして笑顔で歌ってみると声が明るくなり、音程も気持ち高めになるのがわかると思います。

これは、Reボーカルコーチングのアドバイザーでもある F S E M 考案者の庄島義博さんも提唱されている方法で、身体能力を上げてくれる効果もあります。試しに、椅子など適度な重さのあるものを持ってみて下さい。眉間を上げる前と後で比べてみると、後の方が軽く持ち上がる感覚があると思います。

これは「筋弛緩法《きんしかんほう》」というリラックス法としても、社会的に広く認知されています。

「筋弛緩法」とはアメリカの精神科医が考案したリラクゼーション法で、不眠指導などに

効果があるとされています。

この方法は、歌う時にも有効です。なぜかというと、歌う時には体から余計な緊張が抜け、柔軟性を保つことが大切だから。

体がガチガチに緊張していると、喉もきつく締まってしまいますし、呼吸も浅くなり、いい声を出すことができなくなってしまいます。

かつての私もそうでした。機能性発声障害を発症する前や、症状がひどくなった頃の、自分が歌っている動画を見てみると、体が異常に緊張し、全身に力が入りすぎているのがよくわかります。

発声障害を発症する少し前の２０１１年5月に赤坂BLITZで行ったDuelJewelのライブのＤＶＤを見たのですが、体はあまりにも緊張していてガチガチ。「こりゃ、発声障害になっちゃうよなぁ。声が出なくなるのも当然だなぁ」と、深く納得してしまいました。

当時の私は、常に睨《にら》むような顔をして大きな声をあげているのです。眉間にシワがよっていますし、肩がガチガチに緊張して、息が胸の上の方にしか入っていません。

これでは声を響かせることなどできませんし、無理やり大きな声をあげているのですから、声帯に負荷をかけすぎるのも当然です。

試しに、眉間を上げ、ちょっと笑ってみましょう。鼻の奥が開いたような感じになり、顔の骨もグッと筋力で持ち上がるのを感じるはずです。

こうすると、広がった鼻腔で音が共鳴し、楽にいい声を出せるようになるはずです。

どれだけ大きな会場で歌おうとも、体をガチガチに緊張させ、振り絞るように声を出す必要はありません。むしろ、顔や体から余計な力が抜け、ちょっと微笑《ほほえ》みながら発声することで心地よく歌うことができるのです。

身体機能が上がる？ 鼻の下に指

それから、体や脳を覚醒させるツボを刺激して声を出しやすくするという方法も、試してみると面白いかもしれません。

そのツボとは、鼻の下にある「人中《じんちゅう》」というポイント。

正確にいうと、鼻と上唇の間にある溝の、上3分の1のところに位置します。

この「人中」というツボは気絶した人を覚醒させる蘇生のツボとしても知られています。映画『レッドクリフ』では、孫権の妹の尚香が、曹操軍に潜入したときに仲良くなった曹操軍の兵士、孫叔材が倒れたとき、彼の鼻の下を必死に押していました。これも、尚香は

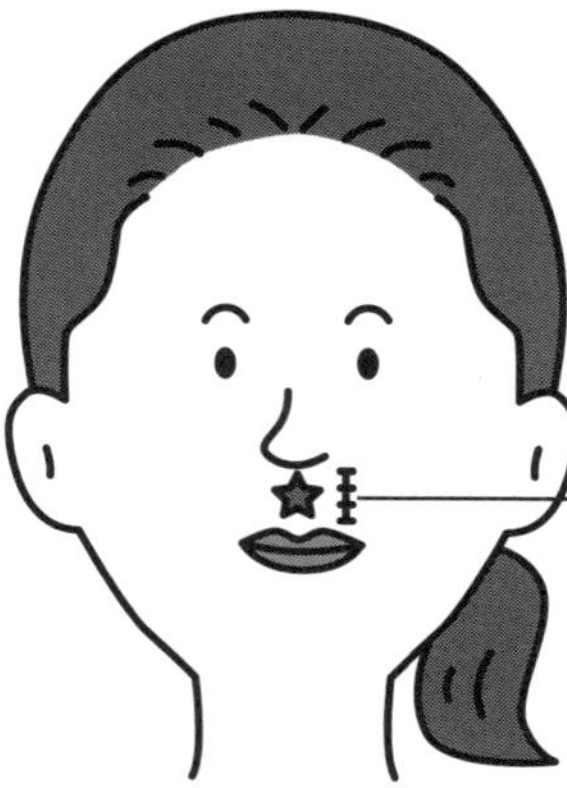

「人中」が蘇生のツボであることを知っていたからなんですね。

現代でも、一部では脳卒中の治療で、このツボを刺激することがあるようです。

「人中」を刺激すると、脳や体は覚醒し、普段以上の力を発揮することもあるのだとか。

だからでしょうか、昔の泥棒は手ぬぐいを頬かむりしていましたが、鼻の下で結び目を作っていましたよね。

昔の泥棒は人中を刺激すると、塀を飛び越えることができたり、超高速で走ることができたり、普段以上の力を発揮できることを、本能的に知っていたから、あんな頬かむりをしていたのかもしれません。

そうじゃなかったら、顔面を完全に覆う方

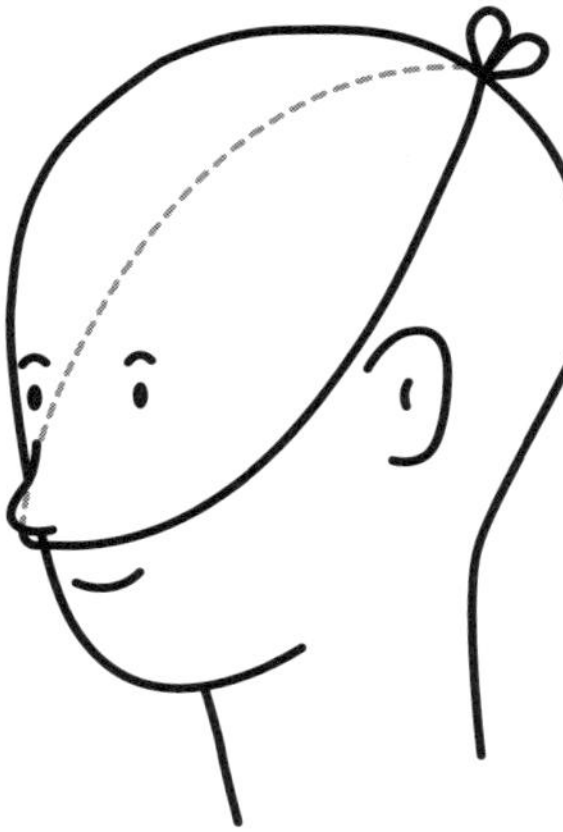

つむじから鼻の下にかけて紐を結ぶ

が顔を隠すのに効果的ですよね。

ちょっと話はそれましたが、歌う前に人中のツボを押してみると、普段より楽に、いい声を出せるようになることもあります。

一番のお勧めは鼻の下にそっと指を添えてみるだけです。そうすると、普段よりも楽に歌えるような気がしませんか。

私はクライアントであるアーティストの方がレコーディングをする際、一緒にレコーディングスタジオのブースに入り、声の出具合を確認するのですが、そんな時はいつも鼻の下に紐を結んでもらうようお願いしています。

鼻の下から頬骨を通り、後頭部にかけて紐をかけ、つむじのあたりで結んでもらいます。

そうすると不思議なことに、いつもよりもいい声で歌うことができるようになるのです。

これは、人中のツボが効いているということも理由ですが、もう一つ、骨格的な理由もあります。

実際、15分くらいこのまま歌い続けてみると、顔が小さくなって、紐が緩くなってきます。なぜ、顔に紐を結んでいると小顔になったり、声が出やすくなったりするのでしょう？

私はその理由を突き止めるために、ＦＳＥＭの庄島さんと頭蓋骨の標本を調べてみました。

人間の首が前へ突き出てくると、ひたいから下は窪んできます。すると鼻腔が小さくなって、声も響かなくなってしまいます。

特に現代人はスマートフォンの使いすぎなどで、首が前へ出やすくなっていますから、いい声を出しにくい体勢になっているのです。

でも、顔に紐を結び、頬骨をグッと持ち上げるようにすると、紐はつむじとつながっていますから、自然と顔の骨や頭の骨が引き上げられ、首の位置も正常な状態になります。

実は、これで姿勢まで改善されてしまうのです。

試しに鼻の下に置いた指を、つむじの方向へ優しく斜めに持ち上げて下さい。寝ていた骨盤が立ち、アゴが引けて身長が伸びたような感覚になりませんか？

そうすると、鼻腔の空間が広がり、声が共鳴しやすくなるというわけです。

ハミングをしながら背中を丸めて顔を前に出した状態から、指で姿勢を改善してみて下さい。響きが次第に大きくなってきて、楽に声が出せるのがわかるでしょう。

プレゼンをする時やステージで歌を披露する時、顔に紐を結ぶのはちょっと現実的ではありませんが、鼻に指を添えてみるといいですよ。

普段以上の力が発揮され、いつもよりも楽に、いい声を出せるかもしれません。

第5章

腹圧をマスターする

声の安定にまず必要なのは「お腹の使い方」

２０１６年にバンドを解散し、何気なく始めたハミングや鼻歌によって、喉の調子が劇的に回復してきた時、私は、「このチャンスを活かさなければいけない」と思いました。ただ、「なんとなく調子がよくなって、なんとなく歌えるようになってきた」だけでは、よくわからないうちに、再び声が出なくなってしまうかもしれません。

きちんと声が出なくなった原因を突き止め、対処法を明確にすることで、完治への道を辿ることができるのだ。そう思って、私はより深い喉の研究を始めました。

そうやって行き着いたのが、「お腹の使い方が重要だ」ということです。

「大きく吸って、大きく吐く」というのは、子どもの頃から音楽の授業などで教わることです。でも、たっぷり息を吸って、たっぷり吐くという呼吸法だと、声帯は不安定になり、喉にも緊張が生まれることがわかりました。

大きく吐きながら、口も大きく開けてハキハキ歌うと、改善してきたはずでも調子が落ちてきてしまったのです。これまでの発声の概念が本当に歌を歌うことに役立つのか。もっと効率の良い呼吸法や発声法があるのではと考え始めました。

これまでもお話ししてきたように、大きく吸って、大きく吐くと、お腹には瞬発的に大きな力がかかります。そうすると、肩や喉は緊張しますし、声帯も不安定になり、喉には余計な負荷がたくさんかかります。

だから、お腹に力を入れる時は、瞬発的な力を使わず、重い荷物をぎゅーっとお腹の奥深くへ押し込んでいくように、じわじわじわ〜っと力をかけていくのが良いのです。

そうすると、お腹も声帯も安定して、喉に負荷をかけずに声を出すことができるはずです。

では、こうやってお腹を使うためには、お腹のどこに意識を向けたら良いのでしょう？お腹といっても、非常に範囲が広いですよね。

胸の下あたりからおヘソの下あたりまで、どのポイントに意識を向けたら良いのでしょう？

私はいろいろ試してみて、「ポイントは丹田《たんでん》だ」ということに行き着きました。

丹田を意識するだけで歌が変わる

丹田とは、正式には「臍下丹田《せいかたんでん》」とも言われる、おヘソの少し下のエリアのこと。

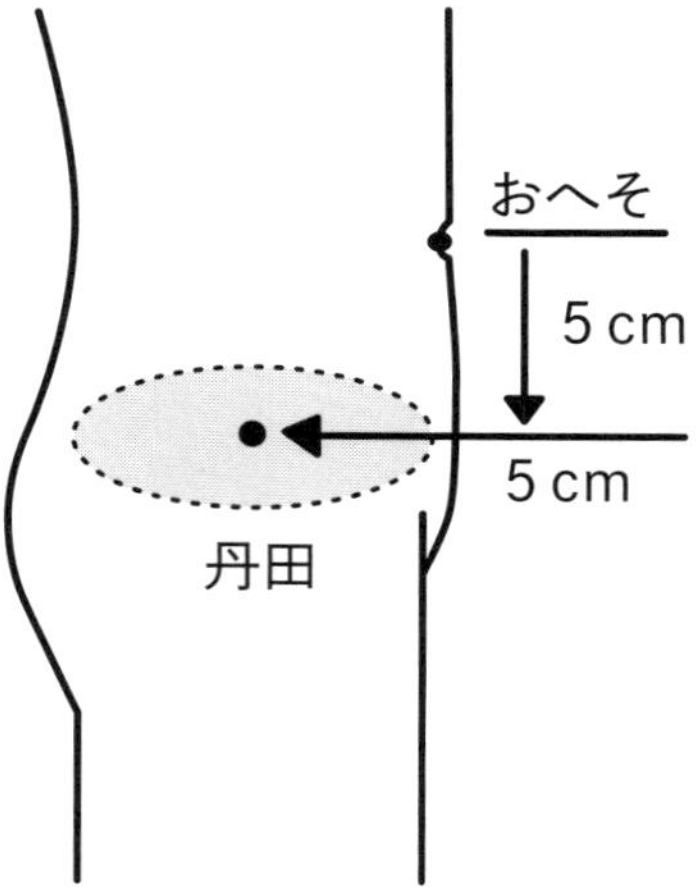

ただし、人間の体を解剖しても、「丹田」という部位が出てくるわけではありません。目には見えないけれど、体のなかでとても大事な役割を担う場所。広辞苑でも、「臍下丹田に力を入れると健康と勇気を得る」と説明されています。

具体的には、ヘソ下から約5㎝下がり、そこからさらに背骨側に5㎝のところだとされています。

丹田は、もともと東洋医学の概念から生まれたもので、体を巡る生命エネルギーが交差する場所（＝気の中心地）であり、また、生命エネルギーの貯蔵庫といわれています。

位置的にも体の中心部であることから、丹田が充実していると体が安定し、どっしりと構えることができるようになります。日本でも、空手や剣道、合気道、柔道などのいわゆる武道の世界では、昔から丹田を重要視してきました。

さらに、体の中心である丹田が充実すると、体の重心が安定します。重心が安定すれば、ムダな動きがなくなりますから、動きがとても合理的になります。そのため、丹田を鍛えると疲れにくくなるという利点もあるのです。

ハミングに少しずつ慣れてきて、声がきちんと出るようになってきた頃、私はお腹のいろいろな部位に力を入れて、試してみました。その結果、丹田を意識して歌った時が、一番、声帯が安定し、声の通りがよくなることがわかったのです。

ちなみに、普段から丹田を意識すると、ストレス耐性が上がったり、自律神経が整ったり、代謝や免疫力が向上したり、集中力が上がったり、さまざまなメリットがあるようです。

丹田を鍛える丹田呼吸

「早速、毎日の生活で丹田を意識してみよう」といっても、これまでほとんど注目していなかったものに意識を向けながら生活するというのは、とても大変なことです。

まずは、丹田に対する意識の感覚を作りましょう。そのためには、次のワークが効果的です。

丹田を鍛える1　丹田の感覚を養う

1、体の力を抜いてリラックス。仰向けに寝ても、椅子に座ってもOK。自分が一番リラックスできると思う姿勢になる
2、下腹部に両手を重ねて置く。次第に、手のひらが温かくなってくるのを感じてみる
3、手のひらに意識をおいたまま、深い呼吸をする。まずは口をすぼめて長く息を吐く。この時、下腹部が次第に凹んでいくのを感じる
4、息を吐ききったら、自然なスピードで鼻から息を吸い込む。下腹部がゆっくり膨らんでいくのを感じる
5、しっかり息を吸いきったら、再び口をすぼめて長く息を吐く。決して力まないように
6、4と5を繰り返す

慣れてきたら、呼吸をする時に吸う時間と吐く時間の割合を1：2にすると良いでしょ

う。たとえば、吸う時に5つ数えたら、吐く時には10数えるような感じです。

カウントして感覚をつかんだら、あとは自然にまかせて呼吸してみて下さい。厳密ではなくとも、リラックスできるペースでやることが大切です。

丹田には自律神経を整える効果があると言われていますから、お腹の奥深くから呼吸を続けることで、気持ちがゆったりして、リラックスしてくるはずです。

丹田を意識した姿勢をキープ

しかし、間違ってはいけないのは、「丹田に力を入れる」というのではなく、「丹田を意識し、丹田を支えにした姿勢を保つ」ということです。

試してみるとわかるのですが、丹田に力を入れて歌おうとしても無理です。どれだけ力を入れても、大きな声は出ませんし、お腹に力を入れようとすればするほど、喉が息苦しく詰まってしまうということもあります。

「丹田に力を入れる」のではなく、「丹田を意識する」、そして「丹田を支えにした姿勢を作る」。これがとても大事なのです。

実際、発声の際に力を入れる腹部の部位は腹横筋《ふくおうきん》の下部ですが、これはまた後ほどご説明します。

丹田を支えにした姿勢が作れれば、体の重心が安定しますから、体に余計な負担をかけず、喉や肩まわりもリラックスした状態で、体を効率的に使いながら歌うことができます。

ちょうど、コマが軸を中心にしてくるくる回っているようなもの。中心の軸が安定していれば、コマはずっと回り続けることができますが、軸があっちいったり、こっちいったりしてフラフラすれば、あっという間に倒れてしまいますよね。

では人間の場合、どうやって丹田を意識した姿勢を作ることができるのでしょう。

お腹に力を入れようとすると、不自然に猫背になったり、反り腰になったりしてしまいます。そんなときは、次の方法を試してみると良いでしょう。

丹田を鍛える2 丹田を意識した姿勢を保つ

1、足を肩幅に開いて、まっすぐに立つ
2、ため息をついて、肩の力をストンと抜く
3、膝を少しだけ折り曲げて、膝小僧を内側に向ける
4、両腕で肩幅ほどの丸太を抱くように軽く前に出す

柔道の選手が、相手と向き合うとき、軽く膝を折って少し前かがみになっていますよね。あの姿勢です。

ちょうど丹田が体の中心になるので、どっしりと腰を落ち着けることができ、ブレない姿勢を保つことができるのです。

膝小僧を内側に向けるのは、太もも内側の筋肉を働かせ、足の力を内側に集中させて、足裏でどっしりと立つため。試しに、膝小僧を外側に向けてみると、力が全部外へ逃げてしまうのがわかると思います。

日常生活のふとした時に、こうした姿勢を取ってみることで、丹田に対する意識が高まります。

これは中国武術や気功、太極拳でも用いられている立ち方で、これに先ほどの呼吸を取り入れると「站椿功《たんとうこう》」という基礎的な型（立ち方）になります。

また、呼吸に意識を向けると、立って行う瞑想にもなります。立禅としても行われていますので、現代人においてはマインドフルネスとしても大変役に立つと思います。

ぜひ実践してみて下さい。体も心もリフレッシュできるはずです。

いい歌は「腰」で作られる

私自身の、過去の話です。声帯が安定し、歌声がだんだん通るようになってきた頃、私は、ある先輩を訪ねました。

その先輩は、ボイストレーナーをしている方で、熱心に喉の研究もしていらっしゃいました。お会いして、「ハミングからスタートし、今は丹田を意識して歌っています」とお伝えしたら、先輩は、「その意識は正しいと思うよ」とおっしゃいました。

その先輩は、確かに、丹田を意識することと、瞬発的な力ではなくギューッと押し込むような力をお腹へ継続的にかけていくこと、そして、一定量の息を吐き続けていくことは、とても正しい考えだとおっしゃいました。

しかしそれだけでなく、さらにこう続けたのです。

「でも、お腹の力だけじゃ足りないんだよね」。そして、「腰側にも意識を向けるといいよ」

腰側に意識を向ける？　私自身、これまでの歌手生活で、あまり考えたことがない発想でしたし、今までたくさんのボイストレーニングを受けてきましたが、一度も言われたことがありません。

「腰側に意識を向けるって、一体どういうことなんだろう」

そう思って、私は腰を意識して発声してみました。そうするうち、あることが見えてきたのです。

「歌うとき、確かに丹田へ意識を向けることは大切だ。しかし姿勢を保ち、声を安定的に持続させるのは腰の力なのだ」

「腰」という字には「要《かなめ》」という文字が含まれているように、人間が体を支える時、非常に重要な役割を果たします。二足歩行をする人間は、腰の骨で体重の60％を支えているといわれ、この腰が不安定だったり、弱かったりすると、人間は姿勢を保つことができませんし、体のあちこちに痛みが生じてしまいます。

腰が「要」になるのは、歌う時も同様。体の前側だけじゃなくて、横側や後ろ側にも意識を向けることが必要なのです。

シックスパックで考える

「腰で体を支えるってどういうこと？」

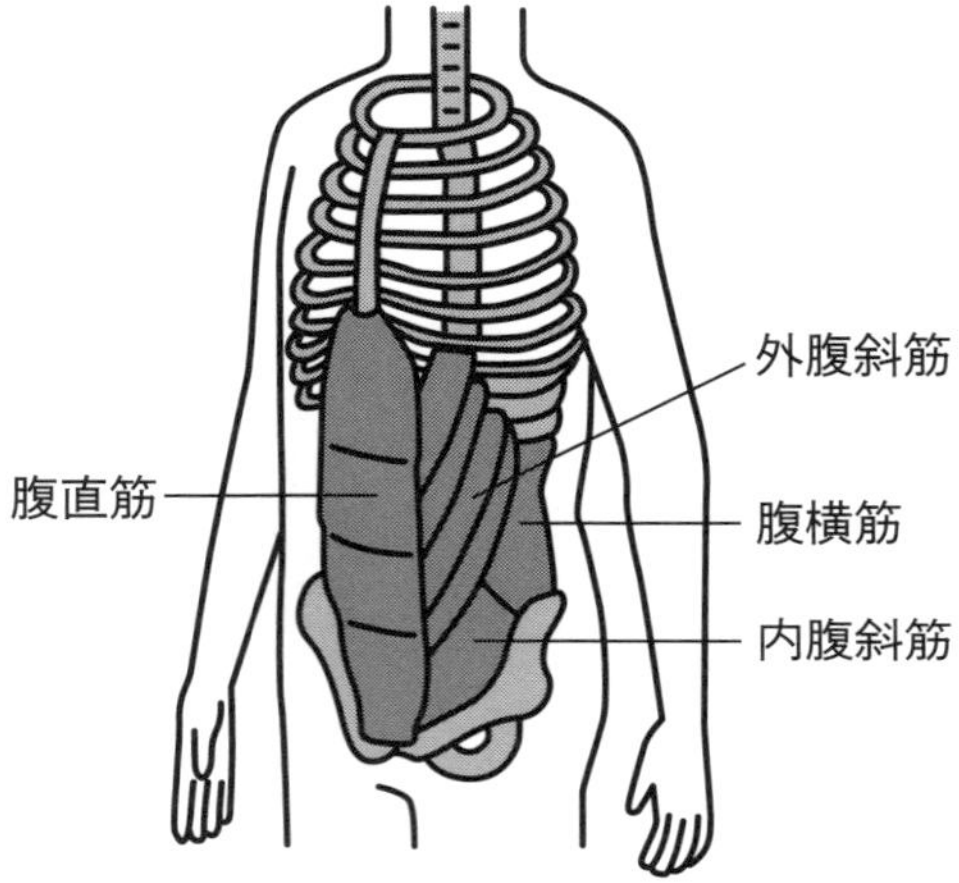

そう思いますよね。普段は何も考えず、直立姿勢を保っていますから、いきなり「しっかり腰で体を支えなさい」と言われても、「どこをどう意識したらいいの？」と思ってしまうかもしれません。

そこでまずは、解剖学的に、人間の体を理解してみましょう。

解剖学といっても、難しいことはありません。人間のお腹をシックスパックで考えればよいのです。

シックスパック。きっと皆さん、聞き覚えがありますよね。厳密に言えば8パックや10パックなんて言葉もある世界なのですが、その話は置いておきます。

簡単に言えば、お腹の筋肉が浮かび上がり、腹筋が小さな6つのブロックに割れている状態のことです。アスリートやダンサーの引き締まったシックスパックに憧れている人も多いと思います。

頭のなかで、このシックスパックのイメージがしっかりできていて、歌う時に、どの筋肉ブロックを意識すればいいのか、理解できていると、歌がひと味変わってきます。

なぜなら人間は、イメージできないことは実現できないから。だから、「お腹や腰の、この部分を意識して歌うのが大切なのだ」というルールをどれだけ頭で理解していても、実際に、意識すべきお腹や腰がどこに、どのように存在しているのか、頭のなかで思い描くことができなかったら、その筋肉を働かせることはできません。

そのため、まずは頭のなかでお腹や腰まわりの筋肉をきちんとイメージできるようにすることが大切で、そのために役立つのが、「お腹をシックスパック構造で考える」ということなのです。

「えっ、メタボ気味だし、私はシックスパックじゃないんだけど……」

そんな方、安心してください。実際にシックスパックじゃなくても、イメージできれば大丈夫ですから。

さて、人間のお腹まわりの筋肉は、右ページの図のようになっています。

実際は、もっと細かい筋肉がたくさんあるのですが、ここでは歌う時に重要な筋肉だけ、載せています。

まずは「腹直筋《ふくちょうきん》」。お腹の表面にある大きな筋肉です。お腹に力を入れて手で触ってみるとイラストのようなボコボコとした形になっているのがわかると思います。

それから、斜めに走っているのが「腹斜筋《ふくしゃきん》」。

これは、お腹の横にある筋肉で、あばらから大転子（足の付け根にある出っ張り）までを形成する「外腹斜筋」と、外腹斜筋よりも内層にあり、腹壁と呼ばれるコルセットのような鎧《よろい》を形成している「内腹斜筋」に分けられます。

腹斜筋は、お腹のくびれを作る筋肉なので、きちんと鍛えると体の見栄えもアップするでしょう。

この「腹直筋」と「腹斜筋」は息を吸う時に壁としての役割を果たします。

最後に、重要な働きをするのが「腹横筋《ふくおうきん》」。特に発声の際は丹田に近い腹横筋の下の部分を使います。

腹横筋は腹直筋の内側にある深層筋で、外からは見えません。お腹の周囲をコルセットのように、ぐるりと取り囲んでいます。

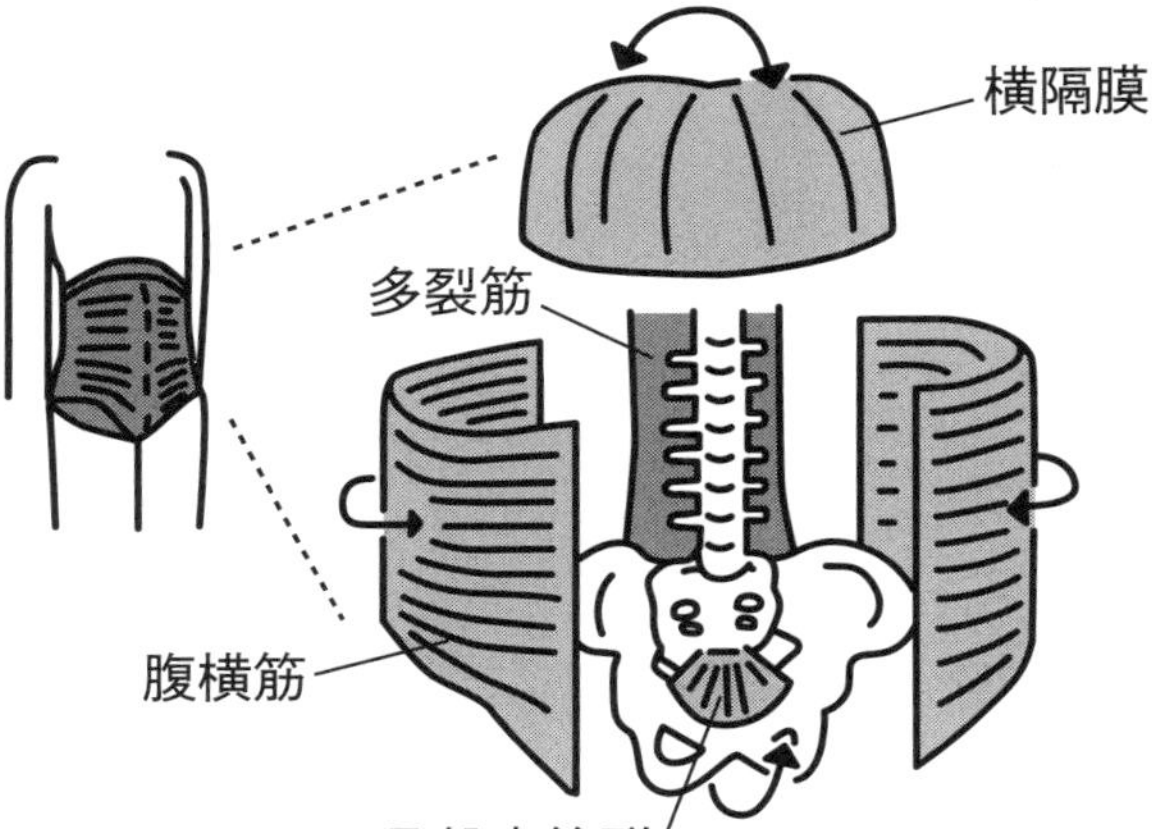

この腹横筋を鍛えると、お腹がぎゅっと引き締まり、ボディラインが整って、腹部がスリムになるという、ありがたい筋肉です。しかし、これが衰えてしまうと、お腹がぽっこり出てしまい、骨盤まで歪んでしまうということに。

この腹横筋は歌う時にも、とても大切な役割を果たします。

歌が上達するための筋肉は4つ

腹部だけでなく、全身に目を向けて見ると、実は、歌が上達するための筋肉は4つあります。

それは、横隔膜、腹横筋、多裂筋《たれつきん》、骨盤底筋群です。

4つの筋肉は、それぞれ別の場所にありますが、すべて関連しながら作用しています。各筋肉の特徴を一つずつ、みてみましょう。

(1)横隔膜

肺の下にある筋肉。「膜」と名がついているが、実際は筋肉で、呼吸をするために用いる筋肉のなかで最大のもの。横長のドーム型をしていて、お腹で息を吸った時には収縮してぐっと下がる。横隔膜が下がると、胸のスペースが広がるので肺が膨らんでも胸を膨らませずに息を吸える。

(2)腹横筋(ならびに腹直筋の下部)

先に紹介したように、お腹のもっとも深層部にあるコルセット状の筋肉。発声の際にお腹の内圧を高め、声を安定させる。

(3)多裂筋

背中の深層部にある筋肉。小さな筋肉が連なって、背骨を支えている。背骨をまっすぐに保ち、姿勢を安定させる。

(4)骨盤底筋群

その名の通り、骨盤の底にある筋肉のこと。恥骨《ちこつ》から尾骨《びこつ》まで、ハンモックのようにつながっていて、下から臓器を支えている。尿道や膣《ちつ》、肛門を引き締めるほか、多裂筋と協働して、骨盤を安定させる働きもある。

これらはすべて深層筋(=インナーマッスル)です。

インナーマッスルという言葉を、聞いたことがある人も多いのではないかと思います。

インナーマッスルは体の奥深くにあるため、ほとんどの場合、直接手で触れることはできません。しかし、呼吸や姿勢、内臓の安定など、さまざまな役割を果たしている筋肉です。

しかし、これら4つの筋肉のうち、手で触れて意識できる筋肉があります。それが、腹横筋(ならびに腹直筋の下部)です。

ちょっと、触ってみましょうか。

仰向けになって、軽く膝を折り曲げます。

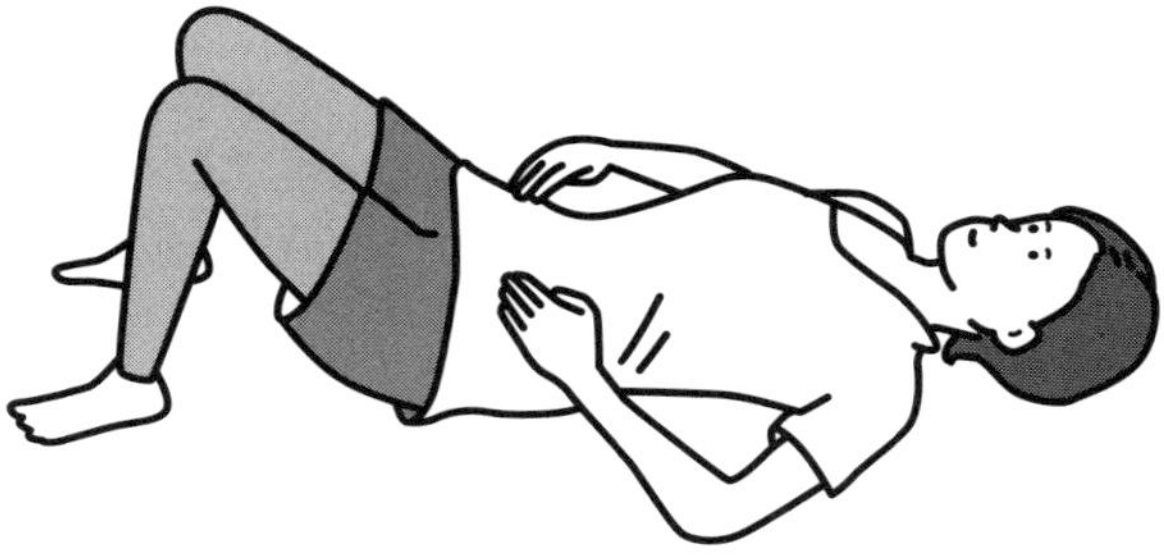

お腹に指を置いたまま、息を細く、長く吐きながら、お腹を膨らませていく

そして、骨盤の出っ張りから指1～2本分下がり、少しだけ、へそ側に寄ったところに指を置きます。

お腹に指を置いたまま、息を細く、長く吐きながら、お腹を膨らませていきます。つまり、通常の腹式呼吸と逆ですね。吐く時にお腹を膨らませていくのです。

そうすると、お腹の内側から徐々に膨らんでくるのを感じられませんか。

吐ききる頃には、グーッと盛り上がってくる筋肉があるはずです。これが、腹横筋です。

無意識に吐くと筋肉は正しく使われない

丹田を意識して息を吸う時には、横隔膜が

グーッと下がって胸のスペースが広がります。つまり、横隔膜という筋肉を正しく使っているということです。

では、息を吐く時にはどうでしょう。実は、無意識に呼吸をしている時と、意識的に呼吸をしている時とでは、体のなかで起きていることが変わってきます。

人間が無意識に呼吸をしている時には、横隔膜の筋肉活動は活発とは言えません。息を吸う時に下がった横隔膜は元の位置へ上がりますが、これは自動的に戻っているだけ。筋肉が働いているわけではありません。

ちょうど、ボタンを押すとバサッと開くジャンプ傘と似ています。吸う時にしっかりと押し下げられても、無意識で吐き始めると傘が一瞬のうちに開くように元の位置へと戻ってしまいます。

しかし、これから簡単なトレーニングを行って、横隔膜を意識して息を吐くことができるようになると、きちんと横隔膜の筋肉が活動します。つまり、「いい呼吸をする」ためには、横隔膜を意識的に動かすことが必要で、そのためには、腹横筋や多裂筋、骨盤底筋群の協力が欠かせないのです。

私たちは、これを腹圧と呼びます。腹圧がかかると発声にも、姿勢の改善にも役立つので、ぜひ試してみて下さい。

次から、それぞれの筋肉を鍛えるためのワークを紹介します。

起きたあとや寝る前、ちょっとした仕事や家事の隙間時間などを使って、トライしてみて下さい。

簡単なものばかりですから、体力に自信がないという人でも無理なくできると思います。

歌唱力アップのための筋肉1、横隔膜

横隔膜があるのは、胸（胸腔《きょうくう》）とお腹（腹腔《ふくくう》）の境目。肺の真下に位置しています。ドーム型の膜状の筋肉で、体の深層部にありながら、自分の意思で下に動かすことができるのが特徴です。

横隔膜は呼吸と連動して動いていて、息を吸う時には下がり、息を吐く時には上がります。

一般に、呼吸をする時には肺が動いている様子をイメージすることが多いと思いますが、

呼吸と肋骨の動き

［吸気《きゅうき》］（息を吸うとき）　［呼気《こき》］（息を吐くとき）

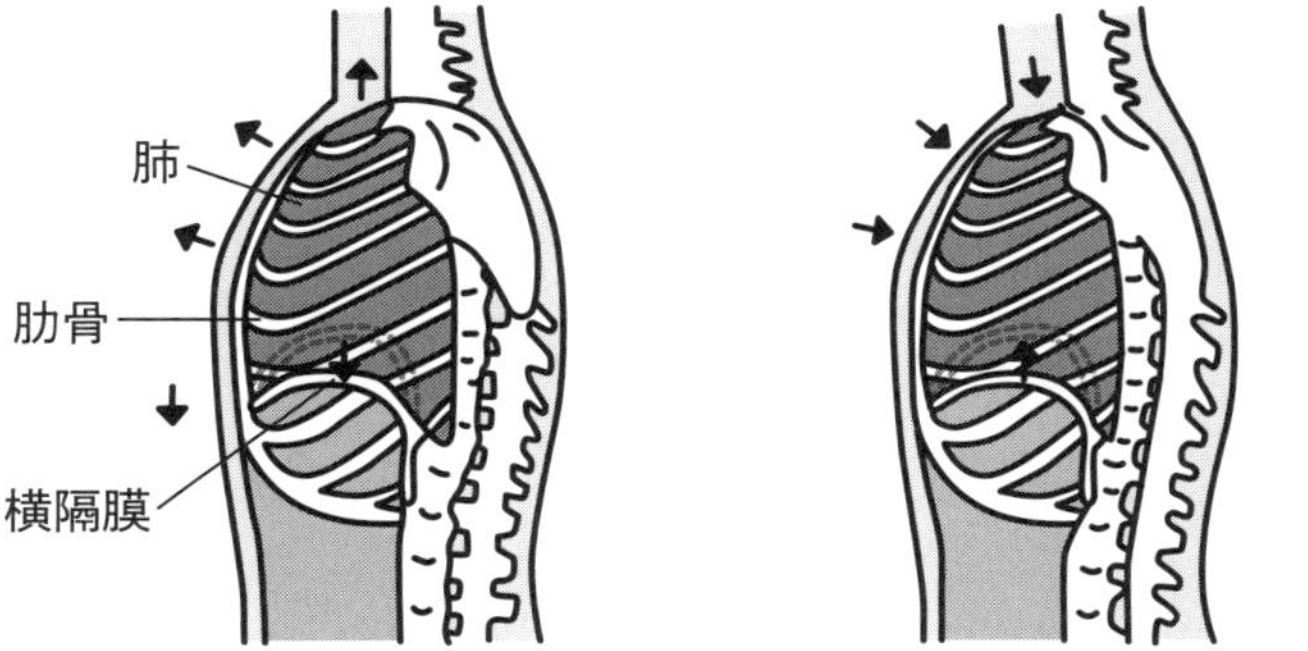

横隔膜は下がり胸腔は広くなり
たくさんの息が吸える

横隔膜は上がり胸腔は狭くなり
息が体外に押し出される

実際には、肺には呼吸をするための筋肉がありません。

風船と同じですね。息を吹き込めば風船を膨らませることができるけれど、風船は自力で膨らむことができません。

人間の肺もこれと一緒。横隔膜など肺の周辺にある筋肉が動くために、呼吸をすることができるのです。

肺の周辺には、呼吸を行うための筋肉（＝呼吸筋《こきゅうきん》）がたくさんありますが、そのなかの一つに、肋間筋《ろっかんきん》というものがあります。

文字通り、肋骨の間に張っている筋肉ですが、横隔膜ではなく、この肋間筋が働くと、腹式呼吸ではなく、胸式呼吸になってしまいます。

そのため、これからお伝えする腹式呼吸の発展形である「骨盤底筋呼吸」をマスターするには、なにより、横隔膜を鍛えることが必須なのです。

横隔膜を鍛えるには？

それでは、横隔膜を鍛えるにはどうしたら良いでしょう。

横隔膜の感覚をつかむ方法はとても簡単です。

横隔膜のトレーニング1　腰上げ呼吸で横隔膜の感覚を育てる

1、仰向けで横たわる

2、両膝を軽く曲げる

3、腰とお尻を持ち上げて体を斜めの状態にキープ

＊この時、胃袋などの内臓が滑り台のように胸の方へ降りくるような感覚を味わって下さい。その内臓を受け止めているのが横隔膜です。ずしっとした重いものを感じるはずです。まずはこの「持っている感覚」を味わったら4へ進みます

4、お尻（骨盤底筋）を目指して息を吸う

＊横隔膜が内臓をギューッとお尻の方へ押しやっている感覚が味わえれば成功です。言うなれば、これは横隔膜に内臓で負荷をかけた筋トレです。これで横隔膜の動く距離（機能）と力（筋力）を同時に鍛えられます。この時、胸が膨らんでいないことに注目して下さい。もし胸が膨らむと首が締まる感じになり、血圧が上がるような感覚があると思います。これだと横隔膜が下がっていないので、胸を広げないように意識して下さい。おヘソの下、丹田の周辺や腰まわりに圧力がかかって膨らむ感覚があると成功です

5、スーッと音を出しながら、30％のイメージで息を吐ききる

6、初めは一回一回休みながら無理のないように。慣れてきたら数回連続で繰り返す

このトレーニングは「ヒップリフト」ともいわれます。

発声に着目した場合、意識してほしいのは横隔膜を緩めることなく、押し下げるように力を入れ続けて、息を吐ききるということです。そうすると、ゆっくりと横隔膜が元の位置へ戻っていくのがわかると思います。

息を吐く際に力を緩めてしまうと、ジャンプ傘の原理で、バンッと一瞬にして元の位置に横隔膜が戻ってしまうので、吐いている時にもしっかりと圧力をかけ続けてトレーニングしてみて下さい。これが腹圧を使った呼吸の重要なポイントになります。

横隔膜のトレーニング2　お腹に重りをのせて腹式呼吸

1、仰向けで横たわる

2、膝を軽く折り曲げて立てる。両足は腰幅程度に開く

3、おヘソの下、丹田のポイントに辞書や厚めの雑誌など、重いものをのせる

＊家族や友人などに協力してもらえるなら、真上から丹田のあたりを手で押してもらい、負荷をかけても良いでしょう。実際、プロの方へ指導する際は、私が丹田のあたりに手をのせ、手に体重をある程度かけた状態から、その手を押し上げるように息を吸って頂いています。

4、お腹の上に置いたものを意識的に持ち上げるようにしながら、お尻へ向けて呼吸を行う

＊より効果を上げたい場合は、腹筋のシックスパックを思い出して、上4つがポコンと

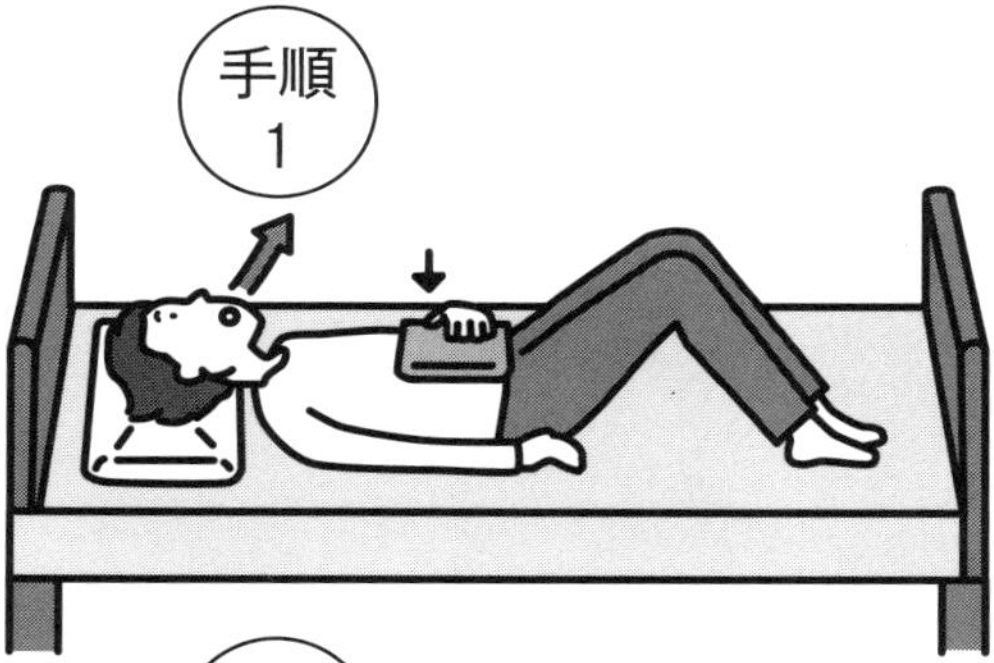
手順
1

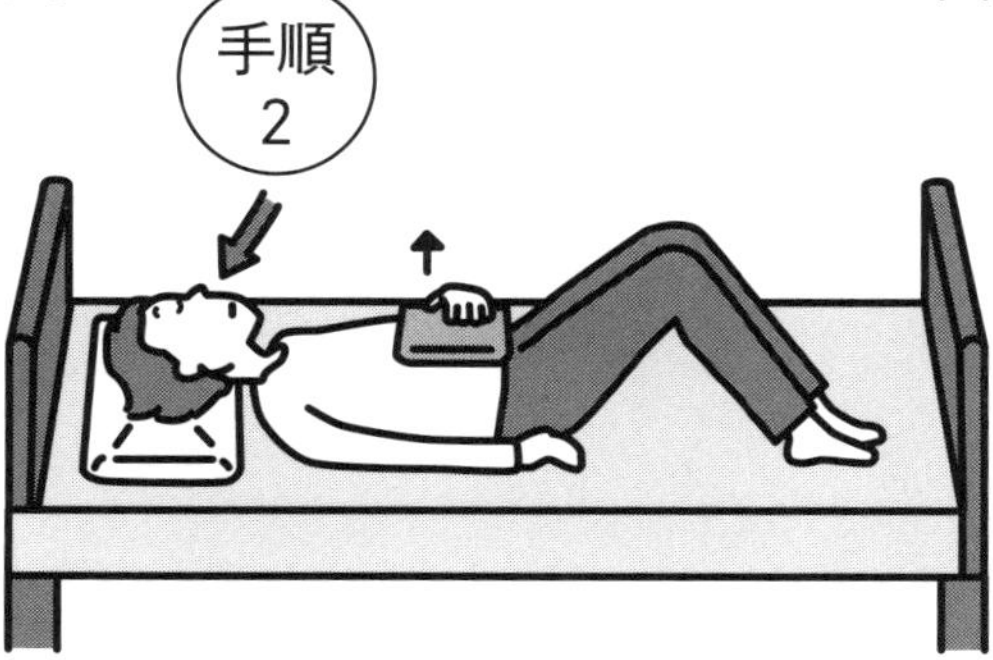
手順
2

膨らまないように注意。おヘソの下の２つが先に、ジワーッと膨らむように意識して下さい

5、30%のイメージで息をスーッと音を出しながら吐ききる

*この時に意識するのは、次の項目でお伝えする腹横筋の下部。ちょうどおヘソの下にしっかりと力を入れて圧力をかけて息を吐くと、横隔膜と同時に腹横筋も鍛えられます

6、これを5回繰り返す。慣れてきたら、徐々に10回まで増やす

お腹にのせる重りによって、お腹への圧力が変わってきます。いきなり重いものをのせるのではなく、少しずつ重さを増やしていくと良いでしょう。

歌唱力アップのための筋肉２、腹横筋

腹横筋は腰の骨、つまり腰椎《ようつい》へ向け、筒状にお腹をぐるりと巻いている筋肉です。筋肉の位置を感じるために、まず、仰向けに寝ている状態から、頭を５～10㎝浮かせてみて下さい。腹筋運動をする際の初動の状態ですね。

この状態を維持するとおヘソの下に帯状に力が入るのがわかると思います。これが発声の際に重要な腹横筋下部です。

これは、息にしっかりと圧力をかける時に働く筋肉。つまり、ただ、なんとなく呼吸を続けているうちは、あまり腹横筋は働きませんが、吸い込んだ息に強く、かつ安定した圧力をかける時に、腹横筋は働くのです。

歌うことは、吸い込んだ息をしっかり吐くことが大事になりますから、歌う時にももちろん腹横筋が働くことになります。

時々、「長く歌い続けていると、腰にくる」という人がいます。

これはまさに、腹横筋が疲れているから。腹横筋は腰の方からお腹側へぐるっと巻いている筋肉なので、歌う時に腹横筋が正しく使われていると、腰を使っている感覚が強くなってくるのです。

でも、腹横筋をしっかり鍛えていると、どれだけ長く歌っても、腰に痛みが出るとか、腰が疲れるとか、そういう問題はなくなってきます。

というより、腹横筋をきちんと働かせられるようになれば、どっしりと足腰の土台を安定させることができ、どれだけ歌っても腰や横っ腹に違和感を感じるようなことはなくなるはずです。

腹式呼吸ではおヘソ側だけ、つまり縦に走る腹直筋が優位に働いていました。言うなれば平面での圧力に終始してしまいがちなので、力不足な状態ともいえます。

そうではなく、腹部を筒状に捉えて腹直筋だけでなく、腹横筋を使い、全体で圧力をかけることができるようになると、より効率よく圧力をかけられるようになります。

風船をイメージして下さい。風船をお腹の中の空気に例えると、片手で平面からの圧力をかけるよりも、両手で抱き締めるように、筒状に、３６０度から圧力をかける方が圧力が全体的にかかり、力も安定性も出ると思いませんか？

それを実現するのが腹横筋と、そして後にご説明する多裂筋です。

腹横筋を鍛えるには？

では、どうやって腹横筋を鍛えればいいのでしょう。

筋肉を鍛えるといっても、ガツガツ筋トレする必要はありません。もっと楽に効率良く使える筋肉を鍛えていく方法があります。

「歌がうまくなりたい」という場合は、次のようなワークをしてみると良いでしょう。

ここでは発声だけでなく、引き締まった〝歌える体〟を作る上でも非常に役立つ新しい概念をご説明したいと思います。

スポーツ界が今、最も注目している「エキセントリック」とは？

最小限の努力で最大限の効果を得られると期待されているのが、ここでご紹介するエキセントリック筋力トレーニングです。

エキセントリックとは収縮した筋力が伸ばされた状態のことをいいます。通称エキセン。反対に筋肉が収縮している状態をコンセントリックといいます。通称コンセン。

コンセンは、負荷に対して力が優っている状態なので、筋肉は収縮して固く縮んでいます。これは、筋トレとして王道だった従来の概念で、強い収縮を繰り返すことによって筋力を強化していきます。

反対に、この筋肉が収縮した状態から、あえて負荷に負けていき、収縮する力を残したまま伸ばした状態を作るとエキセンになり、筋肉がもっともパフォーマンスを上げられる最高の状態になります。

私がアーティストのツアーに帯同する際には、楽屋でエキセンを取り入れたトレーニングを行います。コンセンのトレーニングと違い、汗をダラダラとかき、息が上がってしまうようなことはないので、本番直前でも問題なく行えます。

そして最高の状態に整えてから、ステージに上がることで、アーティストも安心して歌えるのです。

このエキセンを上手に日常のトレーニングへ取り入れていくと、非常に効率良く〝歌える体〟を作っていくことができます。

日本を代表するスポーツトレーナーの庄島義博さんは、「トレーニングを継続するためにも疲労感を少なく、効果を最大化するためのエキセントリックを取り入れることが重要」とおっしゃっています。

また、エディスコーワン大学の野坂和則教授によると、「エキセントリックはコンセントリックと比べて、少なくとも1・2〜1・5倍の力を出せると考えられる」とおっしゃっています。

まだこれから深く解明されていく分野ですが、これを利用しない手はありません。最新のエキセンをうまく使った、簡単で効果の大きいトレーニング法をご紹介します。

腹横筋の下部と腹直筋の下部を同時に鍛える、エキセン筋トレ1

肘プランクで足をスライド

1、うつ伏せになる
2、肘が肩の下にくるように床につく。手を軽く握り、肘で上体を持ち上げる
3、体幹を意識し、上体を維持したまま、腹筋にしっかりと力を入れる
4、つま先立ちしている足をゆっくりと後方へ滑らせ、スライドさせる
＊この際に、肘の位置はずらさずに、上体をなるべく最後までまっすぐ維持して下さい
5、脚を伸ばしながらゆっくりと全身で地面に着地する

腹筋は力を入れると収縮しますが、足をスライドさせていくと、力が入る方向とは逆に、ゆっくりとストレッチされていくのがわかると思います。

これが腹横筋と腹直筋を同時に鍛えられる腹筋のエキセン筋トレです。

脚上げ腹筋

1、仰向けに寝る
2、両脚を垂直になるように持ち上げる
3、息をフーッと吐きながら、両脚をゆっくりと下ろす
＊この時、目線（黒目）を上に向けると効果的
4、慣れてきたらこれを繰り返す（10〜20回が目標）

もっと負荷をかけたい場合は、地面に脚をつけずにスレスレでキープして、上下運動を繰り返して下さい。また、きついと感じた場合は膝を軽く曲げ、手の甲を上にしておしりの下に敷き、支えてあげると良いでしょう。

ここで新たに「目線」という概念も入ってきました。実はこれも非常に効果が絶大な要素です。

目線で体の動きや力、柔軟性まで変わるとしたらどうでしょうか？

ちょっと信じられないかもしれませんが、本当です。この目線に関しても後ほどご説明しますので、最後まで、お楽しみに。

歌唱力アップのための筋肉3、多裂筋

人間の背中には、脊柱起立筋《せきちゅうきりつきん》という筋肉があります。

これは、脊柱を支える筋肉群のこと。脊柱起立筋を鍛えると、姿勢が改善されたり、後ろ姿がきれいになったり、さまざまなメリットがあります。

そして、この脊柱起立筋よりもっと深層にあるのが、多裂筋。小さな筋肉がたくさん連なって背骨を支えています。背骨をまっすぐにし、姿勢を保つために働いていて、脊柱の安定性を保ちます。

腹式呼吸の発展形「骨盤底筋呼吸」には腹横筋が大事というお話をしましたが、実は、腹横筋を締めると、同時に多裂筋も収縮します。つまり、腹横筋というコルセット型の筋肉だけでなく多裂筋も総動員して、お腹に圧力を入れていくというわけです。

これが腰側からの圧力になります。

先ほど、「お腹の中に風船がある」イメージをして頂きましたが、おヘソ側だけでなく、

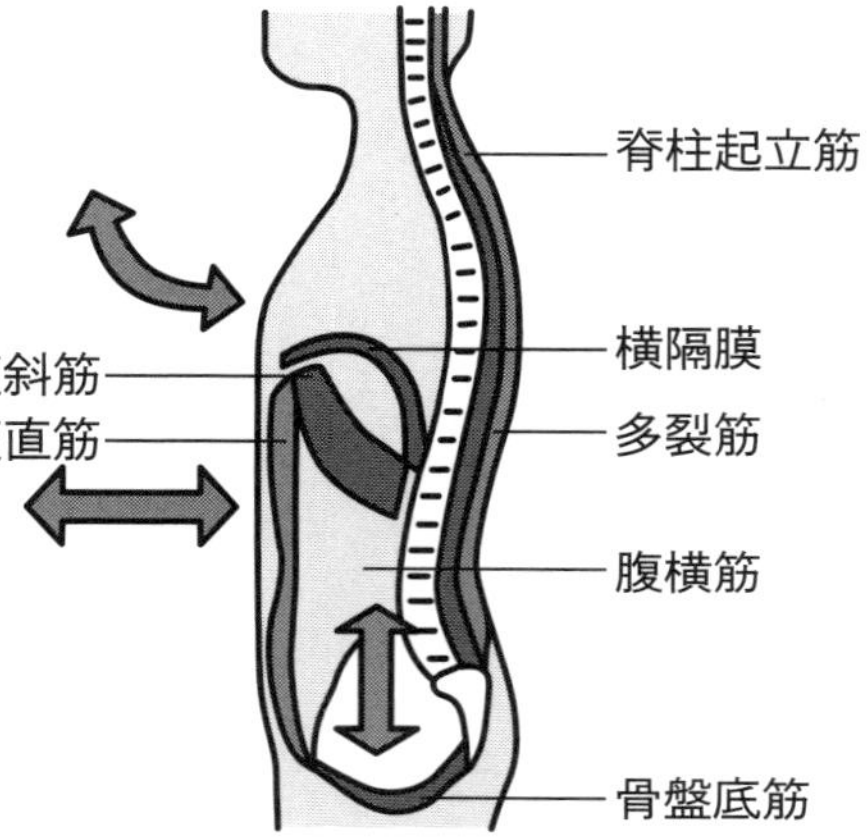

腰側からも圧力をかけていくためには、この多裂筋の力が不可欠です。

また、多裂筋は横隔膜とも連動して動いているので、多裂筋の力が弱ければ、せっかく横隔膜を鍛えても、効果が減ってしまいます。

それから、多裂筋を効果的に使えないと、腰痛や姿勢の崩れの原因になります。特に、発声の問題を抱える方に共通するのが姿勢の崩れです。

これは後ほど詳しく触れますが、腰の角度が崩れると、人間は背骨や首の骨を曲げてバランスを取ろうとします。猫背になったり、首が前に出たりする根本的な原因は、腰の角度にあると私は考えていますので、この多裂筋をしっかりと意識することが大切です。

とはいえ、多裂筋は普段の生活の中で実感することが難しい筋肉です。そのため、いざトレーニングをする前に、まずは多裂筋の位置を確認し、存在を感じてみましょう。

トレーニングに入る前に、ここで面白い試みをしてみましょう。

立ち上がった状態で鏡を使って体を横から見てみましょう。これが現在のあなたの姿勢です。

変に意識せず、自然と立ちやすい形でよいです。

そして、この状態をスマホなどで写真に収めておいて下さい。

多裂筋のトレーニングの前後で、姿勢が激変しているのを体験できると思います。

それでは早速、多裂筋の存在を感覚的に理解してみましょう。

多裂筋のトレーニング1　まずは存在を感じてみる

1、タオルを2本、くるくる丸めてVの字に置く

2、骨盤をVの字の中央に置くようにして、うつ伏せになる

3、お尻に向けて横隔膜を下げながら深く息を吸い込む

4、ゆっくり息を吐きながら、両足を付け根から持ち上げる

5、持ち上げながら、手で腰の中央を触ってみると、2本太い筋肉があることに気づくはず。これが多裂筋

6、脱力してうつ伏せになる

これを行うときは必ずタオルを敷き、床で直接やらないで下さい。タオルを使い、骨盤を固定することで効果的に多裂筋へアプローチしています。

また、骨盤ごと上げてしまうと運動としてのロスが大きく、さらに、腰痛をひき起こしかねないので、ご注意下さい。またすでに腰痛がある方は決して無理せず、脚を上げる角度を浅くした位置で固定し、1～2回から始めてみましょう。

多裂筋の位置を感覚的につかめたら、今度はトレーニングをしてみましょう。

多裂筋のトレーニング2

多裂筋を意識して脚上げ

1〜4は **トレーニング1** と同じ
5、息を吐ききる時に、これまで持ち上げてきた両足を空中で維持
6、そのままの体勢でお尻に向けて息を吸い込む
7、30%の息の量を意識しながらゆっくりと脚を下ろす
8、息を吐ききるタイミングに合わせて多裂筋を緩ませ、両脚を着地する

脚を上げて呼吸を挟んで着地。これを1セットとして、初めは3セット程度やってみると良いでしょう。

大切なのは脚の力で上げずに、多裂筋を収縮させることによって、両脚を根本から引き上げている感覚をもつことです。そして多裂筋がくっついているところ、すなわち、仙骨の感覚も育てておくと役に立ちます。

このトレーニングの面白いところは、発声のトレーニングも兼ねることができることです。

30％で息を吐くことを意識しながら、「Ｎａｌ」や「Ｎｅｌ」など出しやすいと思う単音をロングトーンで伸ばしながら、このトレーニングを行って下さい。多裂筋で声がしっかりと維持され、喉に力を入れなくても声が揺れたり震えたりせずに発声できるのがわかるはずです。

これが腰を使って発声する原理です。

続いて、多裂筋のエキセンを作り出す方法をお伝えします。

タオルをＶに敷いての脚上げを行った後に行いましょう。脚上げで多裂筋はコンセンの状態になっていますので、仕上げとしてエキセンを入れてあげると最もパフォーマンスを上げられる筋肉になります。

また、発声トレーニングをする前にこれをやっておくと、声が非常に出しやすくなります。

多裂筋のエキセントリック運動で発声するのに最適な状態へする方法1 猫背で多裂筋ストレッチ

1、正座の姿勢になる

＊多裂筋で骨盤を引き上げるイメージを持つと、背筋が伸びるのがわかると思います

2、ゆっくりと息を吐く

＊息を吐ききる寸前になると、多裂筋が自然にギューッと収縮していきます

3、収縮と同時に、ゆっくりと骨盤を後方へ倒しながら猫背になる

4、多裂筋が収縮しながら伸ばされるのを感じる

5、これを3回から5回、繰り返す

　うまくできていると、腰を倒していくときに多裂筋がストレッチされて気持ちが良いと思います。ここでも、収縮したものを逆に伸ばしていくエキセンの感覚を育てておくと良いでしょう。

多裂筋のエキセントリック運動で発声するのに最適な状態へする方法2

土下座で多裂筋ストレッチ

1〜3は **方法1** と同じ

4、息を吐ききる時に多裂筋の収縮を感じたら、ゆっくりと上体を前方へ下ろしていく

＊上体は土下座をするような感じで、床にゆっくりと近づけていきます

5、両手を前方へ伸ばし、多裂筋を伸ばしていく

6、これを3回から5回、繰り返す

うまくできていると仙骨よりも少し上の方、背中のあたりにストレッチが入っているのを感じられるはずです。

これまでご紹介した脚上げと、２つのエキセントリック運動で多裂筋に適度な刺激を加えてから、最初と同じように鏡の前に立ってみてください。

そして、横から写真を撮って、先ほどの画像と見比べてみましょう。

やる前と後で姿勢が改善されているのがわかるはずです。

子どもの頃、先生や親に「背中丸まってるよ！　伸ばしなさい！」と言われたことはありませんか？　言われた直後は意識してしっかり伸ばせても、5分も持続できなかったと思います。気づけばまた丸まっていたのではないでしょうか。

しかし、これらのトレーニングを行った後は、さほど意識せずとも綺麗に姿勢が保てていると思います。

これは非常に重要なことで、たとえばグニャリと曲がった縦笛を吹くのは難しいですよね。同様に、ネックが反ったギターでも良い音は出ません。

歌を歌う、良い声で話すということは、良い姿勢があるからできる。考えてみれば当然のことですよね。

機能性発声障害を発症する以前の私も、姿勢が崩れていることに気づかず、一生懸命歌にだけ集中していたので、大切なことを見落としてしまっていたのです。

歌や声は、あくまでも「体」が楽器。楽器のメンテナンスをせずに演奏するプレイヤーはいません。自分の体の感覚を普段から育てておき、姿勢が崩れていかないよう気をつけていきましょう。

歌唱力アップのための筋肉4、骨盤底筋群

最近、健康情報を扱うテレビ番組や雑誌などで、骨盤底筋群という単語を耳にすることが多くなりました。骨盤底筋群とは先ほどお話しした通り、骨盤の底にある筋肉群のこと。骨盤の底に、ハンモック状に張り巡らされている、複数の膜のような筋肉です。

骨盤底筋群の役割は、骨盤内の臓器を支えることと、お腹の力を安定させること、そして、排泄をコントロールすること。

骨盤底筋群を意識するのに一番わかりやすい方法は、尿を我慢するように、キュッと力を入れてみることです。

そうすると、お尻のどこかが引き締まるのを感じられませんか。

実は、骨盤底筋群は尿漏れや頻尿にも深く関係があって、この筋肉群が緩むと、尿漏れなどの不快な症状を引き起こしやすくなってしまうのです。

特に女性は加齢やホルモンバランスの変化、妊娠・出産などによって骨盤底筋群が緩みやすくなっています。時々、「くしゃみや咳をした途端、尿が漏れてしまう」という話を聞きますが、それも、骨盤底筋群が緩んでいるため。

骨盤底筋群は内臓を下から支え、体幹を安定させるために締めることと、尿や便、経血などを出すために緩ませることという、二つの働きを同時にこなしています。つまり「締める」と「緩める」という、相反する仕事を同時に行っているので、この骨盤底筋群が弱まってしまうと、尿漏れなどさまざまな症状が起きてしまうのです。

骨盤底筋群も筋肉の集まりです。筋トレによって、ちゃんと鍛えることができます。では、どうやって鍛えたら良いのでしょう。ここでは簡単にできる方法を紹介します。

骨盤底筋群のトレーニング1

カエル脚で引き締めの感覚をつかむ

1、仰向けになって、足の裏同士をくっつける。カエルの脚のように、できるだけ膝を開く

2、息をゆっくり、長く吐き出しながら肛門を締める

3、尾てい骨をちょっと持ち上げようと意識してみる

＊持ち上げようと意識するだけ。実際に持ち上げなくてＯＫ

4、股のどこかにキュッと力が入る感覚があるはず

肛門を締め、尾てい骨をちょっとだけ持ち上げようとした時、股のどこかに力が入る感覚があったら成功です。この感覚を体に植え付けることができれば、椅子に座っている時でも、立っている時でも、その「キュッ」と引き締める感覚を繰り返すことができます。
ただし、骨盤底筋群を引き締めるには、良い姿勢を保った状態で行うこと。腰が丸まって猫背になっていると、骨盤底筋群を感じにくくなるので気をつけましょう。

次は、ボールを使って行うトレーニングです。ボールがなければ、クッションや枕を使ってもOK。1回あたりの時間はそれほど長くなくても、毎日、隙間の時間にコツコツ行うことで効果が現れてきます。

骨盤底筋群のトレーニング2

両脚でボールを挟むトレーニング

1、両足を軽く開いて立つ。ボールを両膝の間に挟む
＊ボールはパンパンに空気が入ったものではなく、少し抜き気味でちょうどよい。ボールがなければ、クッションや枕を代用しましょう

2、太ももがピリピリするところまで、軽く膝を折り曲げる
3、ボールを落とさないように内腿に力を入れながら、腰を反らせてお尻を後ろへ突き出す
4、今度は背中を丸め、ボールを落とさないようにしながら、お尻を前に突き出す
5、3と4の動きをゆっくり10回繰り返す

ここで大切なのは、絶対に息を止めないこと。深く、ゆっくりした呼吸を続けながら動作を繰り返しましょう。

やってみると、お尻を前へ突き出す時にボールを落としそうになるのか、あるいは反対に、お尻を後ろへ突き出す時にボールを落としそうになるのか、自分の弱点がわかると思います。

前へ突き出す時も、後ろへ反らす時も、等しく安定感を保つことができるよう、練習してみましょう。

最後は、四つん這いの姿勢で骨盤底筋群を刺激します。

このトレーニングは、普段、姿勢の悪さから縮こまっている背中に広さを取り戻すという効果もあります。背中や肩周りのコリをほぐすのにも効果的なので、ぜひ、習慣にしてみましょう。

骨盤底筋群のトレーニング3

四つん這いで骨盤底筋群を刺激

1、両手と両膝を床について、四つん這いの姿勢になる。右手と右足、左手と左足が平行になるように

2、深く息を吐きながら、お腹を覗き込むように背中を丸める。この時、肩をすくめないように

3、肛門や膣、睾丸を締めて引き上げるように意識する

お腹をグッと覗き込むようにして目線をヘソへ向けると、骨盤底筋群が働くのを感じやすいはず。

もし、骨盤底筋群が働いているのがまったく感じられない場合は、「骨盤底筋群のトレーニング 1 カエル脚で引き締めの感覚をつかむ」に戻って練習してみましょう。

筋肉のトレーニングで一番大事なことは、使っている筋肉をきちんと意識することです。その筋肉がどこにあるのか、どうやったら動くのかなど、意識できていなかったら、筋肉に正しくアプローチすることができません。

焦らず、まずは筋肉の位置や場所、働きを感覚的につかむところから始めてみましょう。

最後に、骨盤底筋群へのエキセントレーニングをお伝えしましょう。仕上げに行って下さい。

骨盤底筋群のエキセントリック運動

正座で「骨盤底筋呼吸」

1、正座の姿勢になる

＊足の甲を重ねてお尻の下に敷きます

2、肛門をグッと締めて骨盤底筋群を収縮させる

3、姿勢を正し、ゆっくりと骨盤底筋群へ向けて横隔膜をおろして息を吸う

＊肩や胸を上げずに、ジワーッと息を吸っていくと、足の裏に圧力や重さを感じると思います

4、これを3～5回程度繰り返す

空気の圧力で骨盤底筋群を膨らませています。2の動きで、力を入れて骨盤底筋群を収縮した状態から腹圧で伸ばしていくため、ここでエキセントリックの作用が加わります。

足で骨盤底筋群が膨らんできた感覚が味わえたら成功です。

また、横隔膜のトレーニングでご紹介した、**横隔膜のトレーニング1** 腰上げ呼吸で横隔膜の感覚を育てる（通称「ヒップリフト」）（P158）でも、骨盤底筋群を効率的に鍛えられます。腹圧を入れることにより、骨盤底筋群が圧力を受け止めるからです。

ここでご紹介したトレーニングは、横隔膜、腹横筋（腹直筋含む）、多裂筋、骨盤底筋群、それぞれが連動して機能と力を増幅できます。私が担当している著名なアーティストの方と同様のルーティーンとなっていますので、効果は折り紙つきです。

ぜひ習慣化し、声を出す前に実践してみて下さい。

写真を撮って、ビフォーアフターを比較しよう

さて、ここまで歌うために必要な筋肉を4つ紹介しながら、それぞれのトレーニング方法をまとめてみました。

「面倒だなあ」「こんなにたくさん鍛えるのは大変！」と思った人も、多いかもしれません。

すべてこなさなければ意味がないというわけではありませんから、まずは、できそうなところから少しずつやってみると良いでしょう。

また、コツコツ続けてくると筋肉が動きを覚えて、だんだん効果を感じられなくなってくるかもしれません。その場合は重りを増やすとか、回数を多めにするとか、負荷を強くしてみると良いでしょう。

それと、トレーニングのモチベーションを高めるために、「今」の様子を写真に撮っておくことをお勧めします。

これは私もボイストレーニングのクラスで行っていることですが、定期的に、その人の写真を撮影します。

歌っている時も、歌っていない時も、また、前から、横から、後ろからなど、いろいろな写真を撮っておきます。そうした写真を2週間に1度とか、1カ月に1度とか撮り溜めていくと、次第に変化がわかるようになってくるのです。

人間は頑張った末に変化が現れると、ますますやる気がみなぎるものです。

ダイエットでもそうですよね。始めたばかりの頃はまったく体重に変化がなくて、「もう面倒だなあ」「やめちゃおうかなあ」と思いがちですが、体重が減り始めたり、体が引き締まってきたりすると、俄然、やる気になってきます。

筋トレも、それと同じ。

もちろん、ここで鍛えるのは体の深いところにある深層筋ですから、鍛えれば鍛えるほどムキムキになるなど、そんな変化が現れるわけではありません。

目に見える変化は微妙なものかもしれませんが、でも、ちゃんと現れてきますし、なにより、歌っているときの感覚が変わってきます。

継続は力なり。

その言葉を信じて、ぜひ、筋トレを続けてみて下さい。

たった100円の「骨盤ベルト」がお腹の感覚を養う

最後に、歌唱力をアップさせるための秘密の道具を紹介します。

それは、「骨盤ベルト」。骨盤のまわりにぐるっと巻く、太いサポーターです。

私がボイストレーニングの指導を行う時も実際に活用しているのですが、これを巻いている時と、巻いていない時とでは、みなさん、歌い方がまったく変わってきます。骨盤ベルトを巻いている時の方が、断然、声が安定していて、音程もきちんと取れていて、息もスムーズに出ています。

先ほど、腹横筋は「お腹のもっとも深層部にあるコルセット状の筋肉」とお話ししました。つまり、腹横筋の働きを、骨盤ベルトでサポートするのです。

外側から骨盤ベルトを巻きつけることで、腹横筋が働きやすくなりますし、また、背骨もまっすぐに伸びやすくなります。

背骨が曲がっていると胸（胸腔）は広がりませんから、肋骨はうまく動かずに、息が入りづらくなってしまいます。つまり、骨盤ベルトを巻きつけると背筋が伸び、肺が膨らむスペースを作ることができるのです。

それと同時に腰が膨らむ感覚もつかみやすくなります。

私が普段、プロの方へ専門的な指導をさせて頂く場合、腰側にもお腹同様の張りや膨らみを生み出すようにトレーニングしていますが、この時にも骨盤ベルトを活用します。ベルトを巻くことによって腰側がグググーッと伸びる感覚が味わえるからです。

ただし、骨盤ベルトは巻く位置が大切。

ウエストの、一番細いところではなくて、おヘソの真下にベルトの上辺がくるように巻きましょう。

ここに巻くことで、正しく骨盤を安定させ、腹横筋や多裂筋、腰方形筋《ようほうけいきん》を意識することができるのです。

骨盤ベルトは、100円ショップでも売っています。手軽に購入できるので、ぜひ歌を練習する時に活用してみてください。

腹式呼吸の進化版は「骨盤底筋呼吸」

ここまで、正しい呼吸を支える4つの筋肉について紹介してきました。

これらを総合的に働かせて、歌う時はもちろん、スピーチやプレゼンなど、人前で話す時にも役立つ呼吸法が「骨盤底筋呼吸」です。

これは、私が命名した呼吸法。歌を歌う時に、最も適した呼吸法です。

この本でも、ここまで腹式呼吸については触れてきました。もちろん、胸で息を吸う胸式呼吸よりも腹式呼吸の方が、喉や首、肩に余計な力がかかりにくく、安定して息を吐き続けることができるので、人前で声を出すシーンではベターです。

でも、ベターであってもベストではないのが実際のところ。

なぜかというと、腹式呼吸をするとボコッとお腹が前に膨らんでしまうことは避けられず、そうなると、膨らんだ状態から凹んだ状態まで移動する時に、お腹の腹圧をコントロールすることが、難しくなってくるからです。

Ｐ85でも書きましたが、腹式呼吸は確かに素晴らしい呼吸法です。しかし、どれだけジワジワジワ〜ッとお腹に少しずつ圧力をかけ、腹圧が逃げないようにして声を出そうとしても、慣れないうちは難しいものです。

それに、お腹側からだけ力を入れることに慣れてくると、息を強く吐く力がついてきます。強く吐けないと悩む方には、これは痛し痒《かゆ》しなのですが、そこに瞬発力が加わると非常に強い空気の力が入ります。

時々、表現として強い瞬発力を使うのなら問題ないのですが、1曲の中で何度もその力に頼るようになると、声帯に驚くほど負荷をかけてしまいます。

お腹から上がってくる強力な圧力が一瞬で声帯を通り過ぎようとすると、発声の際、声帯は必要以上に強い勢いをもった空気を受け止めながら音を出します。つまり、瞬発力を使って不安定な強い息を連続して出してしまうことになるのです。

これを日常的に行うことによって、声帯に混乱が生まれることも発声障害のひとつの大きな要因であると私は考えています。

ちなみに、声帯は「どれだけ閉じるのかの『閉じ』具合」「どれだけ緊張させるのか、緩ませるのかの『テンション』の具合」と、「どれだけ押し付けるのかの『押し付け』具合」を同時に、そして、瞬時に計算して動いています。とても繊細な動きをしているのですから、安定した量の空気を、十分な圧力で声帯へ送ってあげることが重要になってきます。

腹式呼吸だけだと喉に負荷をかけず、一定のスピードで息を吐き続けて声を出すには、結構、熟練が必要です。

腹筋も疲れてくるので、無意識のうちに体を折り曲げたりして圧力を稼ぐようになります。時折、猫背のような状態で歌う歌手の方がいるのはそのためです。

私はずっと、これをなんとかできないものかと思っていました。

お腹をジワジワジワ～ッと一定の力で押し込んで、深く安定して息を吐くことが正しいとはわかっていたのですが、じゃあ、それをするために一体どうしたら良いのだろうと考えていました。

そこで辿り着いたのが、「骨盤底筋呼吸」です。

骨盤底筋呼吸では、お腹ではなくもっと下の、お尻に向けて息を吸います。ちょうど、ハンモック状になった骨盤底筋群をパンッと張るようなイメージです。

そうすると、腹式呼吸ほど、お腹がぽっこり膨らむことはありません。しかも、お腹の力は安定して下半身もどっしりし、声を出すための土台が作られます。

さらに、お腹ではなく、骨盤底筋群に向かって息を吸うことで、お腹をぐっと引き寄せることなく、初動から息を吐き出すための力を使えるようになるのです。

基本的なやり方や考え方は腹式呼吸と一緒で、肩や首まわりに力を入れず、背筋を伸ばして、鼻や口からゆっくり息を吸い込みます。

このとき、意識するのはお腹よりもっと下の、骨盤底筋群のあたり。そうすると、お腹がそれほどぽっこりと出ないので見た目もスッキリしてかっこよく、しかも、骨盤底筋群を意識することで腹横筋や多裂筋、横隔膜など関連する筋肉も総動員できるというわけです。

最後に、総仕上げとして簡単なテストを行ってみましょう。

まっすぐ、楽な姿勢で立ってみて下さい。そして、家族や友人に、右肩（あるいは左肩）を一定の強さで押してもらいます。それほど強い力でなくても構いません。

次に、「骨盤底筋呼吸」を繰り返しながら立ってみましょう。肩などに力を入れず、楽な姿勢で「骨盤底筋呼吸」を繰り返します。

そして、先ほどと同様、誰かに右肩（あるいは左肩）をさっきと同じ強さで押してもらって下さい。

どうでしょう？　呼吸を意識していなかったときは、きっとグラついたのではないでしょうか。しかし、「骨盤底筋呼吸」を意識的に行っているときは、肩を押されてもグラつくことはなかったのではないでしょうか。

これは、呼吸が安定すると、姿勢を楽に安定させることができることの証明です。逆にいえば、「骨盤底筋呼吸」を続けているときに、肩を押されてもグラつかなかったら、正しく呼吸ができている証拠。

ぜひ、試してみて下さい！

第6章

息をコントロールする

息の量はたえず一定

第4章でハミングにより「鼻鳴り」の声をマスターして、第5章で、「腹圧」をかけるために、主に4つの筋肉にアプローチして体の感覚を育ててきました。喉だけに頼らずに声を楽に出せるようになったら、次は早速、声を出してみる練習です。

ここが、いい声で歌えるようになるための一つの目的地。歌唱力アップまで、あと一息です。

まず、大切なのは、息の量は一定であるということ。

よく、大きな声を出そうとして、息をたくさん吐きすぎる人がいます。あるいは、迫力のある歌声にしようと思って、瞬発力を使って強い息を出そうとする人もいます。

すでにお伝えしたように、表現としては自由に歌っても良いと思いますが、これは喉に負担をかけるだけで、声そのものに声量をつけたり、迫力を増したりする効果はあまり期待できません。

発声障害を発症する前の私自身がそうでした。

瞬発的にお腹に力を入れ、大きな声を出すクセがついていたので、フレーズによって、吐き出す息の量がバラバラでした。

特に高音域になればなるほど、たくさん息を出そうとしていましたし、反対に、低音域になればなるほど、息の量は減っていきました。これでは、確かに歌にメリハリはあったかもしれないけれど、音楽としての統一感を失ってしまいますし、聞いている人も不安になりますよね。

高音域は腹筋に力を入れて声を張りますが、低音域になると途端に腹筋が緩んでしまっていました。また、サビになると途端に息の量が増え、声帯を緊張させて大きな声を出そうとしていましたから、そりゃ、喉が壊れるのも当然です。

大事なことは、どんな時でも、息の量が一定であること。サビであろうと、なかろうと、高音域であろうと、低音域であろうと、です。

ピアニストをイメージするとわかりやすいと思います。ピアニストは鍵盤の左側、すなわち、低音域を弾く時に力を抜いたり、右側の高音域をガンガンと力んで弾いたりしませんよね。

鍵盤のどのポジションであっても一定のフォームで流れるように弾いていて、強調する、もしくは優しく弾く時は、あくまでも表現として意識的に弾いています。

スピーチやプレゼンも、人前で歌を歌うのと一緒です。

音量にばらつきが出ると、聞いている方は無意識のレベルでとても不安定になります。例えていうなら、ラジオのチューニングをたえずやり続けなければいけないような感じです。

ラジオを聞こうと思ったのに、ガーガーと雑音を鳴らすばかり。一生懸命、チューニングをし続けなければ全然、音を聞き取れない。そんなラジオは疲れますよね。

歌やスピーチもこれと一緒で、音量が下がって、声がはっきり聞き取れなくなったら、聞き手は耳を澄ませて聞き取ろうと努力しなければなりませんし、メインフレーズになって声のボリュームが上がってきたら、今度は声が大きすぎてしまうので、不快に感じ、意識を離してしまいます。

本人はメリハリをつけ、声の大きさに変化をつけているつもりでも、聞き手は無意識のうちにそれを聞きやすい音量に調整しているのです。

これでは当然、歌や、話していることがらが頭の中に入ってきませんよね。

ただ、「聞きづらい声だ」「時折がなりたてててうるさい」という感想しかありません。

人にメッセージを伝える際に緩急は重要ですが、それを息の量で極端に表現するのはお勧めできません。

「スピーチやプレゼンが苦手」という人も、「人前で歌うのが苦手」という人も、まずは、吐き出す息の量を常に一定にそろえてみてください。

サビだろうと、大事な箇所だろうと、息の量は一定です。

「肺活量が多い＝歌がうまい」は間違い

時々、歌のレッスンをしていると、こんなことを言われる時があります。

「私は肺活量が少ないので、大きい声で歌えません」

いえいえ、そんなことはありません！

プロのオペラ歌手くらいのレベルになれば、もしかしたら、肺活量が歌声に影響を及ぼすのかもしれませんが、通常は、肺活量と声の大きさは関係ありません。

肺活量が多いからといって、大きな声を出せるわけではないのです。

そもそも肺活量とは、「息を吸い込んだあと、肺から吐き出せる空気量」のこと。

声の大きさは、肺から吐き出す空気量で決まるのではありません。声は、声帯の２枚のひだがその間を通り抜ける息によって振動させられることで生まれ、体の共鳴を通じて外へ出ていきます。つまり、息の流れる勢いが強ければ、声帯は強く振動するということになります。

「では、肺活量が多くて、たくさん声帯に息を通せば、声量が上がるんじゃないの？」

そう感じるかもしれません。

確かに、息の量が多ければ、少ないよりも息の勢いが増えます。しかし、息の勢いが増えれば増えるほど、それをコントロールするのが難しくなるのも事実。

吐く息の量が適量よりも増えれば、喉や首に不要な力が入ったり、呼吸をするのに必要な筋肉を全力で働かせなければならなくなったり、さまざまなトラブルが生じてきます。

また、力任せに大きな声を出そうとすれば、声帯にどんどん負担がかかってしまいます。

家や練習では楽に歌えたフレーズが、人前でしっかり歌おう、またはちゃんと伝わるように大きな声で話そうとすると、とても難しく感じたという経験はありませんか？

歌う時に大切なのは、息の量が多いことではありません。

適度な量の息を吐き出し、息の圧力を腹圧で高め、声帯をリラックスさせることが、安定して歌い続けるためには必要なのです。

歌や声に必要な「圧力」とは

私が発声障害を克服できた理由として挙げられる重要な要素として、この「圧力」という概念がありました。

圧力は体内の空気をギュッと圧縮して、通常の呼吸の時には生まれないエネルギーを与えます。

大切なのはこの圧力を体のどこでかけているか。通常、歌ったり、しゃべったりすることで喉がかれたり、疲れたりする時には、喉で圧力をかけすぎています。つまり声帯周辺の筋肉や首全体にギュッと力を込めて声を出している状況です。

私も以前はこの状態を続けていました。ここで問題なのが、その筋肉が硬直する状態でも声帯自体は動作を続けているということです。

これまでご説明したように、声帯は常に3つの繊細な動作（＝伸び縮み、開閉、押し付け）を同時に行っています。

たとえばキャッチボールでは、腕の力を抜いている時は柔軟に動かせるので、飛んでくるボールを受け止めることができますよね。しかし腕にグッと力が入っている状態では、動きが硬く、ボールをキャッチすることが難しいでしょう。つまり、力を入れるのは受け止める一瞬だけで十分で、その前後は抜けている時間の方が長い状態であるのが理想だということです。

喉もこれと同じことが言えるでしょう。「さあ、歌おう」と思った時に、すでに力が入っていると、柔軟に声は出ませんね。

声帯から余計な力がきちんと抜けているだろうか？　そして、喉ではなく横隔膜、腹横筋、多裂筋、骨盤底筋群で囲まれた下腹部、すなわち丹田のエリアに力が入っているだろうか？　この4つの筋肉を有効に働かせて「腹圧」をかけて息を吐けているだろうか？

ぜひ、これらを意識して発声してみて下さい。

「息の量が足りない」と感じる時には？

「それでも、歌うと息が続かないんです！　なんとかして下さい！」

そうおっしゃる人も、いるかもしれません。

そんな人に対する一般的なアドバイスは、きっと、こんな感じです。

「もっとたくさん息を吸いなさい！」

しかし、こんな簡単な答えで解決するようなら、誰も悩んだりしませんよね。それどころか、たくさん息を吸うことは余計に声帯を不安定にし、喉を傷つけることにもなりかねません。

実験してみましょう。喉を手で軽く触れながら、素早く思いっきり息を吸ってみて下さい。喉や首全体が硬くなりませんでしたか？　そう、歌う以前に息を吸った時点で緊張が生まれてしまうのです。

しかも曲の中でのブレスは一瞬ですよね。特にテンポが速い曲であれば、なおさらです。つまり、「息が続かないから、たくさん息を吸う」のは、逆効果になることも多いのです。ほとんどの場合、呼吸量が問題ではないので、たくさん息を吸ったからといって、すぐに長いフレーズを楽に歌うことができるようになるわけではないのです。

では、「息の量が足りない」と感じる時には、一体どうしたらいいのでしょう？

この場合、ほとんどが体の使い方に原因があります。普通に生活していて、「息の量が足りない」とか「話していて息が途切れる」とか感じることがないのであれば、歌を歌っている時に特有の問題があるはずです。

それでは、「息の量が足りない」と感じる時、体ではどのようなことが起きているのでしょうか。考えられることを挙げてみます。

(1)声がしっかり共鳴できていない

「遠くまで届く、通る声になりたい」という相談を受けることが多いのですが、そういう人は多くの場合、一生懸命歌ったり、プレゼンをしたりしていても、「何を言っているのか、全然聞こえないよ」と言われたことがある、残念な経験をお持ちの方もおられます。一度、そんなことを言われてしまうと、相手に自分の声が聞こえているか気になって、今度は声を張り上げてしゃべったり、怒鳴ってしまったりするものです。それではすぐに声がかれてしまいますし、喉も痛めてしまいます。

声が相手に聞こえない大きな理由は、「共鳴ができていない」ということ。つまり、声が「喉鳴り」なのです。

喉鳴りの声については、すでにP102でお話しした通りです。

体の中の空間、特に鼻腔を使って、上手に声を共鳴することができれば、どんなに小さな声でもしっかり響かせることができ、聞き手に届けることが可能です。

確かに、声帯を通して声を出していることに変わりないのですが、頑張って大きく息を吐き出し、声帯を震わそうとするのはかえって逆効果になりかねません。そうではなく、声帯はリラックスさせて腹圧をかけ、一定の空気を送ってあげて共鳴させれば良いのです。共鳴のやり方については、第4章でお話しした通り、ハミングが最適。

聞き取りやすく、通る声の持ち主は、普段から声がハミングのようになっているはず。話している時に、鼻の付け根を両人差し指で軽く押さえてみると、ビンビンと痺れているような感覚があるはずです。

(2)横隔膜を使えていない

P155で、「無意識に呼吸をしている時と、意識的に呼吸をしている時とでは、体のなかで起きていることが変わってきます。人間が無意識に呼吸をしている時には、横隔膜の筋肉活動は活発とは言えません」とお話ししました。

ということは、声が響かず、話すと息苦しくなるのは、意識的に呼吸をしていないからです。

ちょっと試しに、何も考えず、「あ〜〜〜」と声を出してみて下さい。

この時の声の聞こえ具合や体の感覚を覚えておいて下さい。
次に、片手で胸を軽く押さえて息を吸ってから「あ〜〜〜」と声を出してみて下さい。声が変わった感じがしませんか？　手で胸を軽く押さえた方が、張りがあり、強い声になったと思いませんか？

これは、横隔膜を使うことができたから。胸を膨らませて息を吸わないように意識することで、息を吸う時にぐっと横隔膜が下がり、発声しやすい体の状態で息を吸うことができたのです。

声を出す時に大事なのは、息の量を増やすことではありません。息の流れをコントロールすることなのです。横隔膜がしっかり下がれば、それに連動して腹横筋や多裂筋、骨盤底筋群も働きます。
それらの筋肉の支えがあるからこそ、息の流れを一定にコントロールすることができ、安定して、聞き取りやすい声を作ることができるのです。

(3)声帯を「合わせる」コントロール力が足りない

たとえば、ホースで水撒きをする時のことを思い浮かべてみて下さい。

ホースの先を指で圧縮して潰すと、水を強く飛ばすことができますよね。反対に、ホースの先がグニャグニャだと、水を飛ばすことができません。

もちろん、ホースの口を強く握りすぎてしまうと、先端が潰れ、水が外に出ていきません。つまり、ホースの口を適度に調整し、その形をキープすることで、無駄なく水を使うことができるのです。

実は、声もこれと一緒。息に対する声帯の閉じ具合をコントロールすることで、無駄なく、息を芯のある声に変えることができるのです。

重要なのは喉を「締める」のではなく、ピタッと「合わせる」というイメージを持つこと。喉や首に力を入れるのではなく、声帯そのものをコントロールしてしっかりと合わせることができるようになると良いでしょう。

ただ息をいっぱい押し流すだけでは、ぐにゃぐにゃなホースのように、安定して水を出すことができません。だから、声帯をピタッと「合わせる」ことが必要です。

それぞれ目指す声があるでしょうが、「こんな声を出したい」「この歌手のように歌いたい」と、イメージする声に近づけようとして、強引に力で持っていくのは、声帯に負担をかけてしまい、とても危険です。まずは安定的に声帯や体をコントロールすることに慣れてから、自分の出したい声を最小限のエネルギーで発声することを覚えましょう。

声帯をコントロール

確かに、声帯は締まっていた方が大きな声を出しやすく感じると思います。しかしその一方、喉に対する負担も大きくなりますし、また、力を入れれば入れるほど、声帯の振動を妨げる力も強くなってしまいます。

「じゃあ、一体、どれくらい声帯を締めて歌えばいいの？」という疑問が湧いてくるでしょう。

簡単にいうと、「声帯はしっかり合わせながら、余分な力を抜く」ということが正しいとなるのですが、「表現が曖昧で、よくわからない！」と怒り出す人も、少なくないと思います。

そこで、ここでは声帯の開閉を自分でコントロールできるようになるためのワークを紹介します。

声帯をコントロールするワーク

「ハ」と「ア」の連続

1、ハ〜〜〜と長めに息を出す
2、息を途切れさせず、ア〜〜〜に変える
3、再びハ〜〜〜に戻す
4、これを数回繰り返す

「ハ」と息を流している時、声帯は開いています。そして、「ア」に変わると声帯は閉じて声が一瞬ジリジリと粒立った音になり、その後、安定して伸びていくと思います。このジリジリし始めた時が、声帯が合わさり始めた瞬間です。

これを切れ目なく、自然に繰り返すことで、声帯を閉じるタイミングを自分自身でコントロールできるようになります。これが「声帯を合わせる」ということです。声帯の閉じ具合を調整することができると、逆に力んで喉が締まっていることにも気がつけるようになりますので、ぜひ感覚を育ててマスターしたいポイントです。

気をつけるのは、「ハ」も「ア」も同じ音程で歌うこと。また、息の量を変えないこと。

それから、口の大きさを変えないことも、息の量を一定に保つのに必要です。口の大きさをキープするため、小指を前歯で軽く噛みながら発声するとよいでしょう。

「吐く」力を鍛えよう

普段は、「吐く」「吸う」ことをまったく意識せず、生活している人がほとんどだと思います。

でも、呼吸の方法を見直して、日常生活でも「吐く」ことに意識を向けてみると、普段から副交感神経が刺激されて、リラックスして毎日を過ごすことができるようになるはずです。いつも、理由なくイライラしているという人は、もしかしたら普段から「吸う」という行為に意識が向きがちなのかもしれません。

ヨガや瞑想の世界では、「吐く」ことは「吸う」よりも数倍、長い時間をかけて行うべき、と語られています。それくらい「吐く」行為を大事にすることで、ちょうどいいということなのですね。

とはいっても、今度は「息を吐かなくちゃ！」と意識しすぎると、「あれ、どうやって息を吐いたらいいんだろう？」とパニックになりかねません。意識せずとも、きちんと息

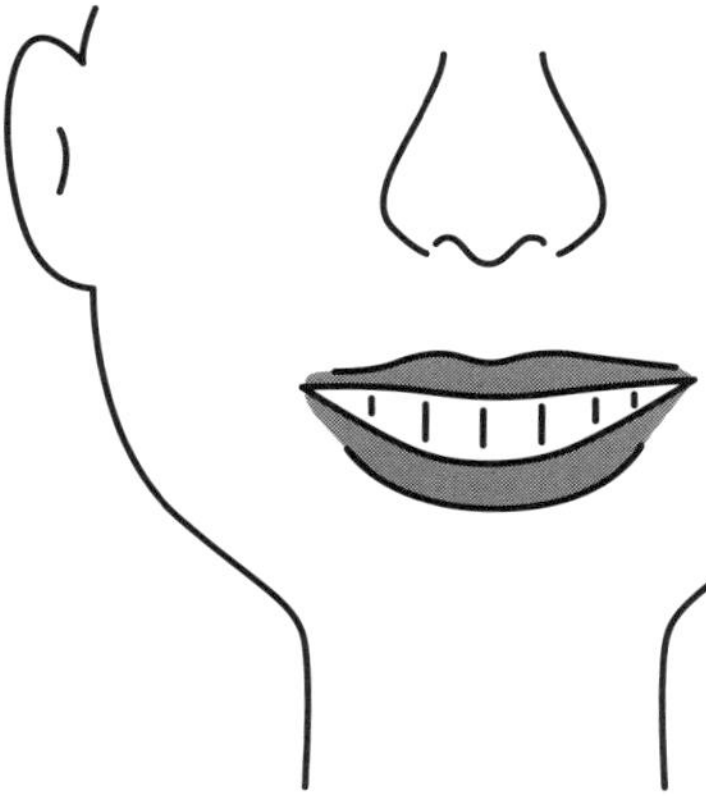

「スッ」「スッ」「スッ」「スッ」と息がなくなるまで続ける

を吐くことができるように、「吐く」力を鍛えることが必要です。

ここでは、息に圧力をかけてしっかりと吐くためのワークを紹介してみましょう。

座りながら鏡の前で行えるとベストです。

息を吐く力を身につけるワーク1　「ス」でスタッカート

1、椅子に座る（立ってもOK）
2、鼻の下に人差し指を当てて、軽くつむじへ向けて持ち上げ、姿勢を正す
3、お腹のなかにある空気をすべて吐き出す
4、骨盤底筋呼吸でゆっくり息を吸い込む（胸が膨らんでないか、肩が上がっていないか確認）
5、前歯の上下にわずかな隙間を作る。その

口の状態で、「スッ」と短く息を吐き出す

6、「スッ」「スッ」「スッ」「スッ」……と息がなくなるまで続ける

7、息をゆっくり吸い込み、繰り返す

スタッカートとはご存じの通り、一音一音、短く切り離してはっきり演奏すること。この練習では、「スッ」という音を連続して発音しますが、一音一音を独立させ、短く発音することがポイントです。

発音している時、お腹に手を当ててみると、息を吐き出すたびに力が入っていることが確認できると思います。その力がなかったら、喉を締めることで息を吐き出していること。お腹に力を入れた状態で、息を吐き出せるように練習してみましょう。

また、息の流れは常に一定であることも大切。「スッ」「スッ」「スッ」……という音が、すべて同じ息の強さ、同じ音量、同じ形で続くように意識しましょう。

注意するポイントは、腹横筋の下部と多裂筋にもしっかり力を入れること。そして、時折喉に触れてみて、緊張が起きていないか確かめること。これらを意識して、練習してみ

ましょう。

次の練習では、この「スッ」という音を長く伸ばしてみます。ロングトーンの練習です。

息を吐く力を身につけるワーク2

「ス」でロングトーン

1、椅子に座る（立ってもOK）
2、鼻の下に人差し指を当てて、軽くつむじへ向けて持ち上げ、姿勢を正す
3、お腹のなかにある空気をすべて吐き出す
4、骨盤底筋呼吸でゆっくり息を吸い込む（胸が膨らんでないか、肩が上がっていないか確認）
5、前歯の上下にわずかな隙間を作る。その口の状態で、「スー」と長く息を出す
6、息の量を一定にして、息がなくなる少し手前まで音を出し続ける（30％を意識）
7、息を吐き切る少し手前でゆっくり吸い込み、繰り返す

ロングトーンでも、スタッカートでも、常に一定量の息を吐き出すことがポイントです。

息の量にムラがあると、お腹や声帯の状態が不安定になってしまいます。人に歌や声を聞いてもらうということは、自分の呼吸を聞いてもらうのと同じだと私は考えています。良い呼吸なくして良い発声はないので、「スー」と息を一定に出しながら、これを歌だとイメージして下さい。一定の腹圧をかけて安定した息の量を送り出すつもりで練習してみましょう。

吸う時は腹八分目

「吐く」ことに注目してお話ししてきましたが、息を正しく吸わなかったら歌うことはできません。

実は、この「吸う」という行為にもちょっとしたコツがあって、歌っていると息苦しいという場合は、「息の吸い方」が少し間違っているのかもしれません。

「はい、息を吸って〜」と言われると、つい、私たちは胸いっぱいに息を吸い込みがちです。それこそ、息の量を数字で表したら、１２０％くらいを目指して吸い込んでいるのではないでしょうか。実際そのような指導が主流ではないかと思います。

思いっきり空気を吸って肺を空気で満たしてみて下さい。空気はたくさん吸えているのに、なぜか息苦しいような感覚がありませんか？　これが歌になると、無意識にこの苦しさをなくそうとして、今度は勢いよく息を吐いてしまいます。吐ききってしまうと今度は欠乏状態となり、また息を吸いすぎてしまう。

まさに溺れている状態になってしまうので歌や声のクオリティが下がってしまうのも当然です。

歌う時の「吸う」行為は、それほど頑張る必要はありません。むしろ、80％くらいでちょうどいいのです。

20％は余白として、残しておくくらいでちょうどいい。これが、歌う時の息の吸い方です。

なぜ、20％を余白として残すのでしょう？

発声障害を発症する前の私は、「大きく吸って、大きく吐く」のがいいと思っていたということは、すでにお話しした通りです。

とにかくたくさん吸って、たくさん吐けば、迫力のある歌が歌えると思っていたのですが、それが喉を傷めることにつながり、声を失う原因となってしまったのです。

今、私は歌い方を改めて、以前のように「大きく吸って、大きく吐く」ということはなくなりました。もちろん、表現したいポイントやフレーズによっては意識的に使いますが、ほとんどの場合、歌うのに必要十分な空気の量。概ね80％程度吸い込むようにしています。

これくらい余白を残すと、喉に負担がなく、また、お腹や腰も自由にコントロールしやすくなるからです。

なんでもそうですよね、少し〝遊び〟があった方が、実はかえって機能的です。

自転車やオートバイでも、ブレーキレバーに遊び（手応えが出るまでの引きしろ）がなければ、かえって危険です。もちろん、遊びが大きすぎても、いざという時にブレーキがきかなくなってしまいますから危険。

だから、遊びには適度な大きさが必要なのです。

私は、人間の体もこれと同じだと思っています。パンパンに息を吸い込んでしまうと、体はかえって自由度を失い、コントロールできなくなってしまいます。

肩や首まわりにも力が入り、声はスムーズに出ていきません。歌に表現をつけることもできません。

だから、肺を空気で満タンにするのではなく、80％をめざすくらいでちょうどいいのです。

「吸う」力を身につける

さっきは、「吐く」力を鍛えるためのワークを紹介しました。ここでは「吸う」力を身につけるためのワークを紹介したいと思います。

どちらか一方に偏らず、「吐く」ワークと「吸う」ワークを、バランスよく行うようにしてください。

息を吸う力を身につけるワーク

おっぱいトレーニング

正直、このトレーニングをご紹介するのにためらいがあったのですが、息を吸う力を鍛えるのに非常に効果がある上に、喉の筋肉のバランスを整えたり、ストレッチしたりすることもできるので勇気をもってご紹介したいと思います（笑）。

注意する点としてはいろいろあるのですが、それは個々ご説明するとして、ご自分の部屋のドアをしっかりと閉めて、誰にも見られない場所でやって下さい（笑）。

効果は高いのですが、なかなかパンチのある見た目になるので。ちなみに私が帯同するプロのライブ現場では、楽屋でひっそりと行っています。

それでは早速本題へ。

まず用意して頂きたいものは、１２０ml程度の、小さめのドリンクのボトル。個人的には、「飲むヨーグルト」のボトルがサイズ的にぴったりで、お勧めです。

その容器にキリで穴を開けます。開ける場所は、蓋の中心付近に１カ所。それから、底に４カ所程度開け、空気の通り道を作ります。

穴を開けたら、容器に水を入れましょう。８分目くらいで十分です。

それから、仰向けになり、膝を軽く曲げます。そして、中身が溢れないように口でくわえます。

この時にポツポツと水が喉の方へと落ちてくる状態に慣れて下さい。

まずは吸います。

この時、骨盤底筋呼吸を意識して、横隔膜をグーッと下げながらお尻へ向かって息を吸うように中の液体を吸引しましょう。

ここで大切なのが、口の中で真空状態を作って吸わないこと。あくまでも息を吸う力を利用して吸引します。イメージとしては、お尻へ向けて巨大な注射器で液体を吸い出すようにすると良いでしょう。

この時に喉を触ってみると、喉仏や舌骨のあたりが下へ向けてグーッと押し下げられていると思います。

5つ数えながら吸引を維持して下さい。

この時、舌骨上筋群《ぜつこつじょうきんぐん》と下筋群の収縮と伸張のバランスが歌う時とは逆になり、素晴らしいストレッチ効果を生み出します。

5つ数え、ある程度喉に液体が溜まってきたらゴクンと飲みます。この時に喉仏や舌骨が元の位置に戻り、リラックスするのを感じます。

また息を吐ききる一歩手前まで空気を吐き、吸うところから1~2回繰り返します。慣れてきたら10回程度を目処に繰り返します。

終わったら軽く声を出してみて下さい。声が響いて出しやすくなっていませんか?

これにはいろいろな理屈があるのですが、あまり専門的になってもいけないので簡単にご説明しましょう。

赤ちゃんは生まれてすぐに生きるために必要な動作、運動を始めます。

まずは、泣きますよね。これは生命を維持するためには失ってはいけない大切な動作です。自分の危険や願望を泣き声で周囲に知らせるために、赤ちゃんはまず大きな声で泣きます。でも不思議と声がかれませんよね。

大人だと、あれだけの回数と時間、泣いたら声がかれてしまうと思います。もちろん健康状態が悪かったり、あまりにも長時間泣き続けたりする場合、声がかれてしまうこともあるようですが、それは例外として、なぜ小さな小さな声帯しか持っていない、赤ちゃんの声がかれにくいのか。

その秘密がおっぱいにあります。

赤ちゃんはおっぱいを吸いながら、横隔膜や骨盤底筋群を鍛えて、声帯に負荷をかけずに体を使って最大限の声を出すトレーニングをしているのです。

実は、この時に一生懸命に舌も動かしています。

まえがきで「うがい」をすると声に力が出ますとご紹介しましたが、あの時、首に疲れを感じたことを思い出してみて下さい。

そう、舌を動かしながら、赤ちゃんは首を鍛えているんです。その結果、約3カ月が過ぎる頃には、まず首がすわります。

つまり、赤ちゃんは必要な動作をシンプルに始めて、結果を出しているのです。

しかし大人になるにつれて、人間はそういった動作や運動を忘れてしまうんですね。「声を出す」という原始的な行動のもっとも重要な仕組みは、生まれたばかりの時にやっていたことをしっかりと復習してあげるだけで解明できるのです。

発声についての問題も、しっかりと原始にかえることで、おのずと解決されていくでしょうし、故障の予防にもなるというのが私の考えです。

このおっぱいトレーニングは非常に有効なので、まずは少ない回数から徐々に慣らして、息をしっかりと吸うための力を上げていって下さい。

30％の蛇口を開けるイメージ

息の吐き方と吸い方についてのお話をしたところで、今度は、「歌っている時に、息はどうやって吐き出すのか」というお話をしたいと思います。

しっかり息を吐き、吸い込んでも、それを一気にガーッと吐いてしまってはたちまち息が少なくなってしまいますし、反対に、チョロチョロと出の悪い水道みたいに息を出していては、次の息継ぎの時にも息があまって、苦しくなってしまいます。

それでは一体、どのペースで息を吐き出せばいいのでしょう?

吸い込んだ息のうち、どれくらいの量を吐き出せばいいかというと、「蛇口の30%を開けるイメージで」と、ボイストレーニングのレッスンでお伝えしています。

例えていうなら、シャボン玉です。

シャボン玉を飛ばしたことはありますか？　シャボン玉を飛ばす時は、ストローを液につけ、口にくわえて、フーッと息を吐きますよね。

その時、お腹の力を全力で押し出すように、「フッ!!」と強い力を吹きかければ、シャボン玉は膨らむ前にパチンと割れてしまいます。でも、一定の息を吹き出せば、シャボン玉はきれいに丸く膨らみます。

歌う時も、これと一緒です。

息を上手に吐くコツは、シャボン玉を飛ばすイメージを持つことです。「フゥー」と一定の息を吐き出してみると、お腹が少しずつ一定の速度で凹んでいくのが実感できると思います。

この息の速度とお腹の使い方こそ、歌う時の理想です。

その時に、口から出ていく息の量を観察してみて下さい。一瞬ですべての息を吐き出す時の力を100%としたら、だいたい30%くらいの力で安定させています。

決して無理せず、力んでいない。肩からいい具合に力が抜けて、同じ強さと速度で、息を吐き出すことができると思います。

車のスピードメーターをイメージしても良いでしょう。アクセルを踏んで、時速0kmからグーッと加速し、30kmに到達したらそれを維持するような感覚です。踏み込みすぎてレッドゾーンに入らないように、または、踏み込めずにノロノロにならないように、30%を意識して息を安定的に吐くことを意識してみて下さい。

歌っているときは、時々、自分がどれだけの量の息を吐いているのか感じてみて下さい。ここまで読み進め、実践するうちに感覚が育っているはずです。

30%ルールを思い出して、一定の量の息から大きくそれていないかを感じながら歌うと安定的に楽に歌えるでしょう。

眉上げでコンディションを最適化

ここまでずっと、息の使い方について説明してきました。息を上手に使えるようになったら、もう、歌を歌うための準備は万全です。

早速、実際に声を出して練習してみましょう。

えっ？　人前で歌おうとすると、いつも緊張して声が出なくなる？

そんな人も多いでしょう。みんながジャイアンのように、堂々と歌えるわけではありません。

そんな人のために、一つだけ、私がボイストレーニングで皆さんにお伝えしているリラックス法をお伝えします。

スピーチやプレゼンをする時など、「いざ！」という時に限って緊張して声が出なくなるという人は、ぜひ、試してみて下さいね。

やり方は非常に簡単ですが、その前に、今の体の状態を確かめてみましょう。

立った状態からゆっくりと左右に足を広げ、無理のない範囲でよいので開脚していって下さい。限界を感じたら、その場所に目で印をつけておいて下さい。その時の体の感覚も覚えておいて下さい。

それでは早速試してみましょう。やり方はいたって簡単。

眉を上に上げて10秒キープするだけ。これだけです。

たったこれだけでさっきよりも足が開いたら……。ちょっと信じられませんよね。では実際にやってみましょう。先ほどと同じく、ゆっくり開脚してみて下さい。

さっきよりも楽に深く広がっているでしょう。

しかもその状態をキープしている力も楽に入っている感覚があると思います。

そうなんです。眉を上げるだけで柔軟性、そして筋力も向上して体のポテンシャルが上がるんです。

大事な場面で力が入りすぎるという方はぜひ、眉を上げるだけなので、取り入れてみて下さい。

目線で体のポテンシャルは上がる

第5章で少し触れましたが、目線で体のパワーや柔軟性が上がるというのは信じられますか？

簡単なワークでご実感頂けると思うので、ぜひ試してみて下さい。

1、仰向けに寝て膝を曲げる

2、ゆっくりと腹筋トレーニングの要領で上体を起こす
この時の感覚を覚えておいて下さい
3、今度は目線を思いっきり上にして15秒キープ
＊両手であっかんベーをして黒目を真上に向け白目をむくとやりやすいです
4、目を自然な状態に戻したら、1に戻って2の要領で上体を起こす

先ほどと比べると楽に上体を起こせたと思います。


これは目線を上に入れると下腹部が活性化するという、私がアンバサダーを務めさせて頂いている、ＦＳＥＭの内容でもあるのですが、これを歌う時にも利用すると、下腹部の丹田の力を有効に使えて声が出しやすくなります。

また、目線を上に15秒入れる前と後では呼吸のしやすさも変わってきます。

私は眠る前にもこれを行って、呼吸をしやすい体を作ってから眠るようにしています。

寝ている間の呼吸が効率よく行われているかどうかは疲労の回復度にも影響を与えると考えられるので、そういった意味でも目線を有効に利用したいと思います。

発声の問題を予防するために

ここで発声に関するトラブルにも触れておきたいと思います。

あなたはご自分の首の位置と角度を意識したことがありますか？

この原稿をパソコンを使って書いている自分にもあてはまるのですが、ふと気づくと首が前に出てしまっていることに気がつきます。

人間の頭の重さは5～6kgあると言われていて、ボーリングで言うと11～13ポンドの球と同じくらいです。

この重たい頭が姿勢の崩れとともに、本来の正常な位置よりも前に出ている状態では、声が出しづらくなるのも当然だと思います。

ボーリングの球を持つ時のことをイメージして頂けるとわかりやすいと思います。

球を持つ時には肘を支点に腕を真っ直ぐ上に向けて、バランスよく持つと、重さを感じにくく、楽に持ちやすいですよね。

反対にこの肘を支点に、腕を前に倒してくると、とたんに腕に力が入り、球を持つのが難しくなると思います。

この球と腕の関係が、頭と首の関係とよく似ています。

正常な位置に頭を置くためにも、首の角度と位置に意識を向けることが重要だということがご理解頂けるのではないでしょうか。

自分の姿勢、特に首の位置に意識を向けることは、これまでお伝えしてきた発声の意識を変えていくことと同じくらい重要だと考えています。

今、私は全国ツアーをしながら、実践と検証を繰り返しています。その中で見つけた重要なポイントはやはり、首の位置と角度、そして目線です。

現代人はテクノロジーの進化の過程において、生活スタイルが短期間に大幅に変わりました。スマートフォンの普及などにより、我々の生活も楽しく便利になった反面、その中で起こる姿勢の崩れも急速に進んでいる印象があります。

電車で周囲の様子を見回すと、首が前に出て、背中が丸まり、足を組まれている方も多く見受けられます。

この状態が長時間続くと、体のバランスは崩れ、本来必要な筋力が衰えて、逆に発声の際に入れたくない部分に緊張が生まれやすくなりスムーズに声が出なくなっていきます。

実際、普段の生活で首が前に出ている傾向にある方はアゴを引き、少し後ろに首の位置を持ってくるようにして、まえがきでご紹介した「うがいトレーニング」を行うと首がしっかりときまり、声が出しやすくなるでしょう。

近年、発声障害をはじめとする発声の問題を抱える方が若年化していると感じています。この状況と姿勢の崩れは無関係ではないのではないでしょうか。

発声のトラブルでご相談を頂く方の場合、まず間違いなく共通するのが姿勢の崩れですし、過去の自分もそうでしたので関係は深いでしょう。

そして、少し専門的になりますが、発声障害と物を飲み込む際の嚥下《えんげ》にも、関係があると考えられます。

私がもっとも発声障害の症状が重かった時期にある治療家の方から「嚥下障害かもしれないよ」と指摘して頂いたことがあります。

実際、水を口の中にパンパンになるまで入れて一気に飲み込むと、非常に飲み込みづらく喉のあたりに筋肉の痛みを感じました。

実際、発声障害でお悩みの方に試して頂くと、同様の感想を持たれる方がとても多いようです。

一概には言えませんが、嚥下と発声の因果関係も非常に深そうです。

実際に発声障害の方の喉まわりの筋力のバランスを専門家と検証すると、舌骨の位置が大抵の場合、引き上げられているケースが目立ちます。

この場合、筋力のバランスを調整する施術が非常に役に立ちますし、発声のやり方を改善することで、声帯の位置を変えずに歌えるようにトレーニングしていくことも重要になります。

発声の問題が出てきやすい土壌は、知らず知らずの間に私たちの生活の中で生み出されてしまいます。

突然、歌えなくなったり、自由に話せなくなったりするトラブルを少しでも減少していくようにこれらの土壌をどれだけ抑制できるのか。「声」に関するこの分野がこれから注目されていくことを期待しています。

第7章

「もっと上手に歌いたい！」という人のためのQ＆A

コツを覚えれば歌は劇的にうまくなる

もっと歌を上手に歌えるようになりたいけれど、どうやって練習したらいいのかわからない……。そんな人も多いと思います。

普段、私はプロの歌手や声優さんなどに声の指導を行っているのですが、ときどき、アマチュアや一般の方からも歌や声について、質問を受けることがあります。お話をしていて感じるのは、ほとんどの人が同じところで悩んでいるのだなということ。歌を作る要素は、声の質や音量、音程、リズム感など、ある程度限られていますから、皆さんがつまずきやすいところはおのずと決まってくるのだと思います。

この章では、私が普段、歌や声についてお受けする質問のうち、多いものをピックアップしてみました。そして、それらの解決法を簡潔にご紹介しています。

「そうそう、こんなことに悩んでいたんだよ！」という質問を見つけたら、そこから読んでみて下さい。そして、そこにワークが紹介されていれば、ぜひ、やってみて下さい。

上手に歌うには、「コツ」があります。歌がうまいかどうかは、その「コツ」を知っているかどうかだけ。
つまり、そのコツをつかむことさえできれば、歌は劇的に変わるのです。

Q1、昔から音痴が悩みです。どうやったら治るのでしょうか。

A1、
「音程を正しくしよう」とすると、かえってズレる。
「鼻鳴り」をマスターすれば、必ず音痴は克服できる！

プロの歌手でも音痴になります。「音痴じゃないから、プロの歌手になれたんでしょう」と思うかもしれませんが、そうではありません。現役でバリバリ活躍しているプロの歌手でも、音痴になってしまうことがあるのです。
私のスタジオにも、そういう悩みを抱えて来られる方がいらっしゃいます。これまでプロの歌手として活躍していたのに、音が取れなくなってしまうのですから、その自信喪失ぶりは相当なものです。

実は、私自身も「音痴」を経験したことがあります。自分でベストだと思って歌っているのに、あとから録音したものを聞いてみると、音程が微妙にずれているのです。あの時のショックといったら、言葉で表すことができません。自信とプライドを粉々に砕かれるような感じです。

私に限らず、音痴でよくあるのは、ある程度広範囲のフレーズが半音ほど下がってしまうというもの。つまり、すべての音にフラットがかかった状態になります。逆に高めに音程を取ってしまう場合もありますが、比較的少ないと思います。

では、なぜ、こういうことが起こるのでしょう？

まず、念のために考えておいた方がいいのは、聴覚の問題です。どう歌っても、すべての音程が狂ってしまうというのは、もしかしたら、聴覚に異常があるのかもしれません。「これまで普通に歌えていたのに、音痴になってしまった」という人はもちろん、「子どもの頃から歌が苦手で、音程を取れない」という人は、一度、耳鼻科で聴覚の検査を受けてみると良いかもしれません。一定の帯域が聞こえづらいなどは誰しも多かれ少なかれあることでもありますが、一度検査してみると状況がわかるので役に立つと思います。

さて、「耳に異常がないのに音痴である」という場合、考えられるのは、「声をどこで響かせているか」という問題です。つまり、「声が『胸鳴り』や『喉鳴り』になっていないだろうか」ということです。

これについては、すでに本編でも説明した通りです。声は、鼻腔でしっかり共鳴させることで、よく響く、抜けの良い声になるのです。

実は、鼻鳴りにはもう一つメリットがあります。

それは、耳と鼻の距離が近いということ。内部距離が近ければ近いほど、音をダイレクトに聞き取ることができますから、イメージした音程に近づけることができますよね。

私たちは出した声を空気の振動として鼓膜で聞いているだけではありません。骨を伝わってくる振動もダイレクトに聞いているのです。自分の話し声を録音したものを聞いてみると違和感があるのはそのためです。

喉や胸で響かせていると、耳は喉や胸から生まれる響きをわざわざ聞きにいかなければいけません。そうなると、その距離が音程のズレになってしまうのです。

聞きにいく、このほんのわずかな瞬間にも曲はどんどん進行して次の音、次のフレーズへと展開していきます。フラットしてしまうのは、発声のタイミングが後手後手にまわってしまい、本来の音に辿り着けないうちに次の音を発声することによって起きています。

多少の練習は必要かもしれませんが、もし、「鼻鳴り」と「喉鳴り」「胸鳴り」を使い分けることができるなら、試しにいろいろな方法で歌ってみて下さい。「鼻鳴り」に比べ、「喉鳴り」「胸鳴り」だと音程がズルズルと下がってしまうはずです。

鼻腔を響かせるにはすでにご紹介している通り、ハミングのワークが最適です。初めは「Nー（ンー）」とハミングをして、それから「ヤエイヤエイ〜」。それらに慣れたら、「ネィンネィン〜」と歌詞をのせた「歌」を交互に行き来できるようにしてみましょう（詳細はP119に書いています）。

母音を極端に曖昧にした、いい加減な英語のような歌い方も効果的です。

大事なことは、音の高低で音質を変えないこと。

高音でも、低音でも、必ず音を響かせるポイントは一定です。高音は喉を締め付けないよう、より一層腹圧をしっかりかけるように意識し、鼻腔へ一定の空気を送ります。低音は息の量が30％未満にならないよう意識し、鼻から多めに息を出すようなイメージをするなど、響かせるポイントと吐く息の量も変えないように気をつけましょう。

鼻腔で正しく響かせることができるようになると、不思議と、音程が整ってきます。というよりも、「音程を合わせよう」と思わなくても、自然と音程を大きく外すことがなくなってきます。

つまり、音程は〝取りにいくもの〟ではなく、〝勝手にはまるもの〟なのです。音程を取りにいこうとすると、喉が緊張して締まり、喉鳴りになってしまいます。

音を響かせる場所さえ安定していれば、音程は勝手にはまっていきます。ぜひ、鼻腔で響かせることを意識してみて下さい。

Ｑ２、人前で歌おうとすると、いつも緊張してしまいます。

Ａ２、

すぐにアクセル全開にしようとしない。

まずは、呼吸に意識を向けてみよう。

よく、同じような悩みをお聞きします。歌うだけでなく、「スピーチやプレゼンをする時に緊張して、うまく話せない」という人も多いでしょう。

でも、普段とは異なったシチュエーションに立たされたら、全身が緊張して、ガチガチにこわばってしまうのは誰でも同じこと。それは、人間の防御反応ともいえるのです。たとえば、目の前にいきなりクマが現れたら、誰でも緊張してしまいますよね。体はこわばり、手は硬く握られ、肩がすくんでしまうでしょう。

これは、目の前の危機から命を守るために、心身が防衛体制を敷いているからです。でも、「緊張するのは当然です」と言っても、人前で歌わなければならない時、できる限り緊張でガチガチになるのは抑えたいですよね。では、そんな時は、どうすれば良いのでしょう。

こうした悩みは、一般の方だけでなく、プロの歌手からもよく尋ねられるテーマです。「緊張せずに歌うにはどうしたらいいのでしょうか」と尋ねられた時、私は、必ずこう答えています。

「まずは、呼吸に注目してください」

自分の呼吸に意識を向けると、人間は必ずリラックスできるようになっています。それは、人間が自分の意思で自律神経をコントロールする方法こそ、「呼吸」だからです。

人間の自律神経は、ストレス状態に大きく影響されます。緊張すると心臓はドキドキと早く打つようになり、息がハアハアと荒くなりますよね。でも、リラックスしている時は、心拍は緩やかになりますし、呼吸のペースもゆっくりになります。

つまり、自律神経と呼吸はぴったり連動した関係であるということ。ということは、呼吸のペースをゆっくり、落ち着いたものにすれば自律神経が整い、緊張を和らげることができる、ということになります。

ある時、私のボイストレーニングに通ってくださるプロ歌手の方が、復活ライブを行うことになりました。しばらく活動を休止していて、久しぶりに行うライブなので、楽器隊の方やスタッフも含めみんな気合が入っています。もちろん、チケットは完売。たくさんのお客さんが足を運んでくれる予定です。

でも、その歌手の方はライブの数日前から緊張が止まりませんでした。久しぶりにみんなの前で歌うのですから、緊張するのも当然。しかも、待ちに待った復活ライブなのです。みんなの期待が重圧となって、その方にのしかかっていました。

ライブ当日、私はこうアドバイスしました。

「はじめの2曲目までは、呼吸のことだけ考えましょう」

どこで、どんなふうに息を吸っているのか、自分の呼吸だけに集中するのです。

会場の大歓声に迎えられると、途端に我を忘れ、1曲目からアクセルを全開にしてしまう歌手が少なくありません。雰囲気に飲み込まれ、いつも以上に頑張りすぎてしまうのですね。

それは人間の感情として、やむを得ないことかもしれません。私自身も何度となく経験してきました。まるで、スーパーサイヤ人にでもなったように血まなこになって歌い、パフォーマンスを行っていました。

しかしそうなると、自分のペースをつかむことが難しくなります。地に足がついていないような、不安定な感じで、ただ勢いだけで歌おうとしてしまいます。

そうなれば、息は浅くなり、声も伸びません。普段と異なるタイミングで息継ぎをしてしまい、リズムも前のめりになっていきます。

なぜなら、人間は焦りが出ると、つい、胸で息を吸おうとするからです。胸の呼吸は歌うにはとても浅く、一生懸命吸おうとすればするほど、苦しくなります。この状態では、満足いく歌を歌うことはできないでしょう。

だから、少なくともはじめの2曲目までは、冷静さを保つために、自分の呼吸へ意識を向けるのです。

体のなかの、どの部分に息が入っているのか。

骨盤底筋呼吸を忘れずに、繰り返すことができているか。

腹圧はしっかりかかっているか。

それだけに集中してみるのです。具体的には、骨盤底筋群のど真ん中の、お尻の穴の少し前側（言葉で説明すると難しいのですが、骨盤底筋群の場所は本編Ｐ１５１で確認してみてください）へ空気を送り込む意識を持つといいでしょう。

まずは、そのポイントに向けて息を吸うことだけ考えてみましょう。

そして、徐々に気持ちが落ち着いてきたら、「腹圧はしっかりかかっているかな」「吸い込んだ息の30％を吐いているかな」「鼻腔で声を響かせているかな」と、少しずつ考えることを増やしていきます。

でも、無理に考えることを増やす必要はありません。ちょっと頭が混乱してきたと思ったら、すぐ、呼吸へ意識を戻せばいいのです。

ステージに立てば、観客の表情や周囲の雰囲気など、いろいろな情報が思考に飛び込んできます。そうした情報につい、振り回されてしまいそうになりますが、どんな時でも自分の呼吸に意識を向ける。やるべきことは、とてもシンプルです。

時間とともに、その場の雰囲気に思考が慣れていくまでは、まず、呼吸に意識を向けるように頑張ってみましょう。

Q3、リズム感が悪いと言われるのですが、どうしたら良いでしょうか。

A3、
曲の中に演奏のヒントがある。
まずは、「ドラム」の演奏だけ注目して聞いてみよう。

これもよくある質問です。「リズム感がいまいちだね」とか「ノリが悪い、グルーブがない」などと評価され、悩まれている歌手の方もいらっしゃると思います。
一般の方でも、カラオケでどうしても演奏と歌がずれてしまい、気持ちよく歌えないなど、リズムに関わるお悩みを持たれる方は多いと思います。
でも、安心してください。リズム感はちゃんとよくなります。
歌う時、まずは、自分が歌いたい曲を耳で聞いて、練習しますよね。そんな時、好きなアーティストの歌なら、自然と「歌声」に耳が集中してしまうでしょう。

でもこの時、「歌声」以外に、集中してほしいものがあります。それは、「ドラム」です。ドラムの演奏を聞くと、作曲者がどのようなリズムで、どのような意図を持ってその曲を作ったのか、よくわかります。

「ここまでは8ビートだったけれど、ここからは16ビートになった。リズムが細かくなったということは、ここから勢いを出したいんだな」

「ああ、ここでスネアが入ってリズムにアクセントがついた。ここを強調したいんだな」

そんなふうに、ドラムの演奏を聞いているだけで、1曲のなかでどんなふうにリズムが動き、音楽が盛り上がりを見せるのか、よくわかります。

これはドラムの音が入っていない曲で、シンセなどのリズムパターンのある場合にも同じことがいえます。

つまり、「演奏のなかに歌のリズムのヒントがある」ということなのです。

よく、「私はスローバラードの曲が好き。だから、アップテンポの曲は歌いにくい」という人がいます。これは、単に好き嫌いの問題だけではありません。なぜ、ゆっくりめな音楽が好きな人が、アップテンポの曲が歌いにくいかというと、アップテンポの曲でもスローバラードのリズム感で歌おうとしているからです。

頭のなかのリズムが切り替わっていないんですね。だから、完全に乗り遅れてしまうのです。

かといって、「リズムに乗り遅れちゃいけない！」と焦ると、前のめりになり、突っ込んでしまいます。

そんな時に大切なのは、ドラムなどのリズムの演奏を聞くこと。それに慣れて、「ここからリズムが軽快になるんだな」「ここから盛り上がるんだな」というような、曲の抑揚を理解できたら、次に、ベースやギターの演奏を聞いてみましょう。

そうすると、さらにもう一歩踏み込んだ、作曲者の意図が見えてくるはずです。

リズム感は、個性の一部です。リズムが正確で、どんなリズムでもさっと乗れてしまえば、それだけ歌としてのレベルが高いともいえるでしょう。

しかし、独特なグルーブで無意識のうちに人を惹きつける個性的な歌唱というのも存在します。そういった意味では私のクライアントの歌手の方でも、非常に魅力的なリズム感を持つ方もいらっしゃるので、私の方が勉強になることもたくさんあります。

その一方、リズム感はテクニックとも言えます。曲のなかに隠されている作曲者の意図をつかみ、曲の表情や抑揚を理解できれば、自然とその流れに乗っていくことができます。ドラムがない楽曲であったとしても「リズムを担当しているシンセの音に注目してみる」というのは、リズム感に自信がない人はもちろん、リズム感に自信がある人にも試してほしい方法です。
そうする前後でどれだけ自分の歌が変わるか、記録のためにも録音しながら、ぜひトライしてみて下さい！

Q４、歌っている時の滑舌《かつぜつ》が悪いと言われます。どうすればいい？

Ａ４、
舌が力んでいると、滑舌が悪くなる。
舌を緩ませ、一定のポジションに置くことを意識しよう。

滑舌の良し悪しを決めるのは、舌の動きです。
舌の動きには大きくわけて３つの要素があります。

（1）舌をどの場所に置くか＝ポジション
（2）舌にどれくらい力を入れるか（または、緩めるか）
（3）舌をどのような形にするか

簡単に言うと、この3つです。

私が担当させて頂いているプロの歌手の方は、常に、この3つのポイントを意識しながら歌います。一般の方の場合は、ここまで意識する必要はありません。ですが、一つだけ、意識して歌うと、圧倒的に歌が変わる要素があります。

それは、「（1）舌をどの場所に置くか＝ポジション」です。

滑舌を良くするために、口を大きく開けなさいと言われる人も多いと思います。少なくとも、これが私の場合は間違いであったことは、すでにお話ししました。

たとえば、腹話術を思い出してみてください。腹話術師は口を大きく開けていませんよね。ほとんど口を開かずに、言葉を発しています。

それでも、私たちは彼らがなんと話しているのか、きちんと聞き取ることができます。これはなぜかというと、口のなかで舌が滑らかに動いているからです。

口を大きく開けようとすると、アゴに力が入ります。実際にやってみるとわかるのですが、アゴをガクガクと大きく動かして口を開いて声を出すと、舌に力が入って動きが鈍くなります。滑らかに上下左右に動かすことなど、とてもできません。

舌に力が入ると、今度は声帯にも力が入ります。なぜなら、舌と声帯は連動しているから。喉を手で押さえながら口のなかで舌を上下させてみると、それに伴い、喉まわりの筋肉や喉仏のあたりも動くのを感じられるはずです。

つまり、声帯の力を緩めるには、舌を緩めなければならないのです。

舌に力が入った状態でアゴを大きく動かし、言葉を発しても、一語一語、ハキハキと話すことはできません。ゆっくり話すならまだしも、歌う時のように速いテンポでハキハキ話すなど困難です。

しかも声帯に力が入っていますから、あっというまに喉が疲れますし、声もかれてしまいます。

では、口のなかで舌を滑らかに動かすにはどうしたらいいでしょう？　ここで大切になってくるのが、舌のポジションです。

たとえば、アイスなどをなめて味わうのは舌先ですね。その先端から少し手前の部分を下の歯の付け根または歯茎に軽くつけてみます。そのポジションに舌を置いたまま、舌の力をできるだけ抜いて、滑らかに言葉を発してみましょう。

好きな曲の歌詞でも良いですが「あ行」「か行」「さ行」など、いろいろな言葉を意識的に発音してみましょう。言葉は変わっても、極力、舌の位置はそのままです。

「た行」になると、定位置から舌を引き上げたくなったり、つい力んでしまったりすることがありませんか。こんなふうに、「特定の言葉になると自分は舌に力が入るんだな」「ポジションを大きく変えようとしているな」と気づいたら、成功です。

そういう気づきがあれば、今度は舌を引き上げたくなったり、力んでしまったりする特定の言葉の時には、もうちょっと意識して、舌を大きく動かさない努力をしてみましょう。子音を発音する短い時間は別として、発音時間の長い「あいうえお」などの母音の際にも、位置が変わったまま発声していたとしたら、言葉に影響を受けて力みやすくなり、滑舌が悪くなっているのではと気づけるはずです。

言葉が変わっても、できるだけ舌の位置を動かさない。舌の力を緩め、リラックスさせる。そうすることで滑舌が良くなりますし、また、喉がきつく締まらずに声の通りも良くなります。

読んで字のごとく、舌は滑らかな状態であることが発声には重要なのです。

それから「どうやっても舌に力が入ってしまう」「うまく舌を緩ませられない」という場合は、マッサージがお勧めです。お風呂に入った時などを利用して、舌を手で揉んでみましょう。

舌を下の歯の上にのせるように少しだけ出し、人差し指と親指を使い、両側から軽く指で押してみます。すると、痛みを感じるポイントがあるかもしれません。

それは、舌の筋肉が疲労を起こしている証拠。普段から舌に力が入り、力んでいる人は、舌の一部が硬直しているのです。

そのポイントをゆっくり指で揉んでいると、だんだんほぐれてくるのを感じるはずです。舌の筋肉疲労が緩めば、滑らかに動かすことができるようになります。

それだけで滑舌が良くなり、また、声の通りも良くなるでしょう。ぜひ、試してみてください。

Q5、高い声で歌い続けていると、声がかれて、声が出なくなってしまいます。

Ａ５、
地声と裏声の切り替えがうまくいっていないのが原因。
ちょっと上級編「ミックスボイス」をマスターしよう。

高い声で歌うとき、「裏声」になることがありますよね。裏声は別名「ファルセット」とも呼ばれ、文字通り、普段の声が裏返ったような感じの声です。

でも、歌うときに裏声を上手に使うのは、意外と難しいもの。特に難しいのが、普段の「地声」と「裏声」の境目がどうしても不自然になってしまうという問題です。

急に地声がひっくり返ってしまうのですから、歌っている側にも、聞いている側にも、当然、違和感が生じてしまいますよね。

地声と裏声が切り替わるポイントを「換声点《かんせいてん》」といいます。

低い声から地声のまま少しずつ音程を上げていくと、やがて苦しくなり、どこかで声が裏返ってしまいます。それが、換声点です。

反対に、高い音から裏声のまま下降していくと、今度は裏声の状態を保つのが厳しくなって、どこかで地声に変わります。この時の音は、さっき、上昇した時の換声点の近くにあり、概ね一致するはずです。

高音から低音へ、あるいは、低音から高音へ歌う時、換声点が生まれるのは自然なことです。でも、換声点が目立つと、聞き手として違和感を覚えますし、できるなら、この換声点をきれいになくしてスムーズに歌いたいですよね。

どうして換声点が目立ってしまうのかというと、地声を極限まで引っ張りすぎているから。裏声にならないよう地声で粘りすぎると、力んだり息の量が上がったりしますよね。その結果、声質が変わってくる。そしてあるところで突然、裏声に切り替わってしまうのです。

それでは、どうやったらこの換声点を目立たなくすることができるのでしょう？　それには、声帯の使い方がとても大切になってきます。

「ミックスボイス」という言葉を聞いたことはありますか。

これは言ってみれば、地声と裏声を混ぜたような声。つまり、地声と裏声の中間の声です。

簡単に言うと、このミックスボイスの手法をマスターすると、地声のように芯のある歌声で、裏声のように高音域を出すことができるようになります。

つまり、地声と裏声のいいとこ取りをする、素晴らしい発声法なのです。だから、高音でもハリがあり、のびやかな声を響かせることができるのです。

ミックスボイスを使うことのメリットはいくつかあって、「芯のある高音が出せるようになる」「音程を合わせる余裕が生まれる」など、歌手にとって、ミックスボイスはとても価値のある発声テクニックです。

それから、「ミックスボイスを使うと、高い声を出し続けても声がかれにくくなる」というのも大きなメリット。実は、高い声を出し続けると声がかれるという場合は、地声で声を出そうとして、喉を締め付けているケースが多いからです。

だから、「高い声を出し続けると喉が疲れる」という人は、まず、このミックスボイスを練習してみて下さい。それだけで、歌っている時の感触が大きく変わるはずです。

では、ミックスボイスの出し方です。簡単にいうと、ポイントは3つあります。

（1）喉をリラックスさせる

ため息をつくように、息を少しずつ出す

（2）声帯を合わせて息をせきとめる

徐々に声帯を離していくと声が出てくる（地声で慣れたら裏声で）

（3）鼻腔で共鳴させる

まず、「喉をリラックスさせる」そして「声帯を合わせる」ということについては、ため息を吐きながら、声帯を合わせて止めるという方法がわかりやすいと思います。ため息を吐く時、「はぁー」と一瞬で終わらないように、ゆっくり出していきます。それから、「声帯をピタッと合わせる」と、息が声帯でせきとめられて止まると思います。体内からの空気を止めるのではなく、声帯でピタッとせきとめます。

その状態をキープする練習から始めても良いでしょう。なぜなら、この運動自体が声帯のコントロールだからです。

喉周辺の筋肉はリラックスさせて、声帯のヒダ、つまり門を閉めるだけなので力は抜けているはずです。

その状態を作ることができたら、あとは少しずつその門を開いていきます。隙間から音が少しずつ出てきますが、一気に声帯を緩めずにピタッと合わせる力と空気の通りを拮抗させるようにするのがコツです。

この2つのバランスが取れた時に、これまでの裏声の音質とは違い、少しキンキンしたような鋭い声がしてきたら、それがミックスボイスの原石です。ほとんど力みなく出ていれば、その声を少しずつ音階にのせたりしながら慣らしていくと良いでしょう。

声帯のメカニズムについては第6章でご説明した通りです。普通、発声する時には声帯が閉じようとする動きに、空気がぶつかって声帯が振動することで、音が生まれます。この原理をお忘れなく。


声帯が閉じる感覚をつかむには、次の「エッジボイス」という手法を練習してみるといいでしょう。

「エッジボイス」は、最小限のエネルギーで声帯を働かせ、ミックスボイスを出すのに最適なトレーニングです。

粒立ったザラザラした声が出ますが驚かないように。この低く、声帯だけが鳴っているような声が、エッジボイス。つまり、「喉はリラックスしているけれど、声帯は閉じている状態」で声が出ているのです。

1、あ〜〜〜と声を出す
2、その声を少しずつ低くしていく
3、限界まで低くしていく
4、あ〜〜〜という声が出たら正解！

「あ〜〜〜」という声を限界まで低くしていくと、「あ〜〜〜」というように、ざらつく音になると思います。

これが「エッジボイス」。エッジボイスが出せるということは、喉は開いたままで、声帯が合わさっている証拠です。

「喉は開いたままで、声帯は合わさっている」というコントロールができるようになると、ちょうど、ホースの出口を適度な力でつまんで、水を安定して遠くへ飛ばすことができるように、余計な筋肉を働かせず、安定して声を出せるようになります。

また声帯を締めつけるのではなく、閉じるためのコントロールがきくようになると、高い声も出しやすくなります。

この「声帯を閉じる」という感覚がつかめれば、ミックスボイスを出しやすくなると思います。

間違ってほしくないのが、「喉を締める」ことと「声帯を合わせること」は同じではないということ。ミックスボイスは声帯を合わせるだけで、喉を締めるものではありません。

喉を締めると途端に喉鳴りの声になり、喉を疲れさせてしまったり、音程を狂わせてしまったりするので注意しましょう。

もちろん、ミックスボイスを上手に出すには、安定して息を出し続ける「骨盤底筋呼吸」や「腹圧」が必要になってきます。それらについても、第5章で説明していますので、ぜひもう一度チェックしてみてください。

あとがき

最後まで読んで頂き、ありがとうございます。

発声の基礎となる「骨盤底筋呼吸」や、より効率的に声を響かせるための、鼻腔の共鳴。そして一定の息を吐き続ける「30%ルール」などの基礎的な概念から、「眉上げ」や「おっぱいトレーニング」「目線」など、これまでの発声の概念にはなかったユニークな手法もご紹介させて頂きました。

近年、YouTubeやニコニコ動画などで歌を披露する方が増え、歌手やアーティストとしての表現活動もグッと身近になってきた印象があります。

本編でご紹介した通り、ビジネスの現場でも営業やプレゼンに役立てたいと、声質の向上を目指す方も増えてきました。

「人前で声を出す」ことが身近になってきた分、声に関する問題や悩みを持つ方もやはり増えています。

発声の手法に問題がある場合もありますが、実は、普段の生活習慣から生み出される姿勢の崩れも、思うように声が出ない大きな要因であると私は考えています。

声の悩みでご相談にいらっしゃる方を見ていると、日頃から、「骨盤が寝てしまう」「猫背、もしくは反り腰になってしまう」「首が前に出てしまう」といった、楽器としての〝体〟の変化が起きていると実感します。

そういう私自身も、過去のライブ映像などを見返すと、同じような状態にありました。

さらに注意したいのが、プロの歌手として活躍している方たちのなかで、発声障害をはじめとする声の問題を発症する方が、ここ数年、若年化してきているということです。

20代の前半といえば、アーティストとしてこれから思いっきり活躍したいと、未来へ向けて羽ばたく時期です。しかし、その矢先に発症。近年、そんな方が増えているのです。

もちろんこれはプロの歌手に限った問題ではなく、一般の方でも、たとえば「スーパーのレジ打ちの際に、ハキハキと発声して接客するよう心がけているうち、声が出にくくなってしまった」というようなお話もお聞きしています。

ライフスタイルの変化は我々自身が作り出したものです。

そして、その影響は若い世代にまで及んでいます。

便利なもの、楽しいと思えるものを短期間に数多く生み出した一方で、人間の体や精神面へのケアは疎かであったと認めることが必要ではないでしょうか。

そういった苦悩を抱える方が少しでも問題を改善できるように、またこれから声の悩みを抱える方が一人でも減るように、この本が役に立つと信じています。

現に私は2011年から6年以上、満足に歌えない重度の発声障害から復活し、発症前よりも自由に歌え、20年以上にわたるボーカル人生を通しても今がベストな状態だと思えるところまで、改善することができました。

その内容を可能な限りこちらの本に詰め込み、お伝えしてきたつもりです。

それでもまだまだ本当の意味でのゴールは遠いと認識もしています。

不完全な部分や、10年後には否定されている内容もあるかもしれません。

それでも今の時点では最良の手助けになると自信を持っていますし、人類としての進化と正常なる進歩を信じ、少しでも音楽を通して貢献できるよう、これからも発声の研究と実践を繰り返していきたいと思います。

また近年では、ドラマーをはじめとして、フォーカルジストニアという、思うように腕や足がコントロールできないという症状を発症する方も増えています。これらも姿勢や筋力をはじめとする体のバランスの崩れと密接に関係していると考え、専門家と研究を行いプレイヤーへのサポートも微力ながら行っています。


歌唱力のアップや、発声に関してより専門的に学びたい方。

発声障害や歌唱に関するトラブルと向き合う方。

楽器のプレイヤーとして、フォーカルジストニアをはじめとする諸問題を抱えておられる方はオフィシャルサイトよりご相談下さい。お役に立ちたいと思います。

Reボーカルコーチング

vocalcoaching.jp

私自身、声が出なくなった時には「人生が終わった」と思いました。

歌しかない自分が歌えなくなって、生きている意味などあるのだろうかと。

そして人生を取り戻したい一心で発声の研究をしてきました。

しかし、それは大きな勘違いでもありました。

人生の答えは、いつでも自分の中にあったのです。

声が出なくなり、ご自分の人生を否定する必要はありません。

恐怖や不安を必要以上に感じる必要もありません。

私たちの体には、まだまだ知られざる能力が無限に広がっています。

その可能性を信じることから始めてみませんか。


私はボイストレーナーとしての活動を通してflumpool山村隆太さんをはじめ、クライアントのサポートをしながら、これからもそれを証明していきたいと思います。

歌声は必ず取り戻せます。

そしてこれまで以上に向上できると、私は信じています。


最後に、この本を執筆するように働きかけて下さった、友人の相良洋一さん。スポーツトレーナーとして、また体の専門家としてFSEMの内容を惜しみなく提供して下さった庄島義博さん。発声のドクターとして多くのアーティストを救ってこられた駒澤大吾先生。発声だけでなく、フォーカルジストニアと向き合っている演奏家のサポートを行うために、多大なご協力を頂いております、仏の手を持つ山口眞二郎先生。そして私がバンドを解散し、ボーカリストを辞めて音楽から離れた際にも、変わらず手を差し伸べ、音楽の道へ引き戻して下さったGACKTさん。皆さまに格段の感謝を送りたいと思います。各分野でのエキスパートである諸兄の協力なしに、今の私は存在しません。

Reボーカルコーチングを立ち上げたばかりで、まだボイストレーナーとして未熟であったにも関わらず、私を信じて下さり熱心にトレーニングを重ね、見事に復活されたflumpool山村隆太さんとメンバーの皆さん、A-Sketchの方々にも改めて御礼申し上げたいと思います。

そして、つたない文章をこんなにしっかりした本へと成長させて下さった編集の鈴木博子さんと、出版まで足繁く弊社のスタジオへお越し頂き、惜しみないサポートを下さった千美朝さんをはじめとする光文社編集部の皆さん、本当にありがとうございました。

どんな時も私を支え、一緒に歩み続けてくれたDuelJewelのメンバーであるShun、祐弥、Natsuki、ばるの4人とスタッフの皆さん。

そして何よりもDuelJewelが解散してからも復活を信じ、応援してくれたファンの皆さん。

あの頃には描けなかった未来が今、目の前に広がっています。

ここまで来ることができたのは、まちがいなく皆さんのお陰です。

私は「音楽のために自分の人生がある」と考えていましたが、そうではなく、「自分の人生をより素晴らしいものにするために音楽や歌がある」と気づきました。


より良い発声を通じて貴方の人生がより良くなりますように。

ビジネスで成功をおさめ、友人やご家族との会話がもっと楽しくなりますように。

心から願っております。

どうかこの本が皆さんの人生のお役に立ちますように。

２０１９年７月25日
ライブツアー滞在先の京都にて

略歴

山森隼人（やまもり・はやと）

ヴィジュアル系ロックバンド「DuelJewel」のボーカルとして約20年間にわたり国内はもとより海外でのライブも精力的に行うが、2016年に解散。原因は歌唱の際に突然声のコントロールが利かなくなる「機能性発声障害」を発症した為。その後、発声についての研究と独自のリハビリトレーニングを行い、完治。その経験を活かし、発声に関する悩みを抱えるアーティストをサポートするため「Reボーカルコーチング」を発足。医療機関やスポーツトレーナーとも協力しながら、「flumpool」をはじめ多くのアーティストのステージ復帰を実現している。2019年には「DuelJewel」も復活し、全国ツアーを行う。

自分《じぶん》でも気《き》づかなかった
美《うつく》しい声《こえ》になる
歌《うた》がうまくなる
奇跡《きせき》の3ステップmethod《メソッド》

2019年9月30日　初版第1刷発行

著　者　山森隼人
発行者　田邉浩司
発行所　株式会社　光文社
〒112-8011　東京都文京区音羽1-16-6
電話　編集部　03-5395-8172　書籍販売部　03-5395-8116
業務部　03-5395-8125
メール　non@kobunsha.com
落丁本・乱丁本は業務部へご連絡くだされば、お取り替えいたします。

組　版　堀内印刷
印刷所　堀内印刷
製本所　榎本製本

ISBN978-4-334-95115-3